MW01706800

Un sueño llamado Colombia
A dream called Colombia

iM Editores

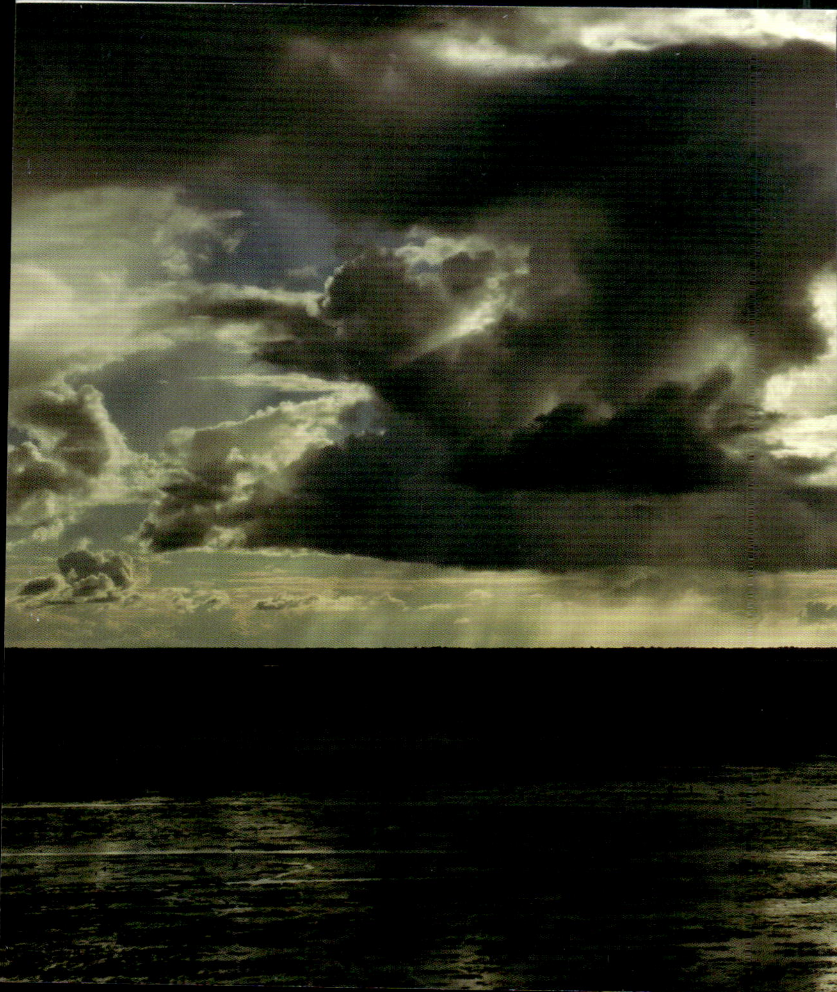

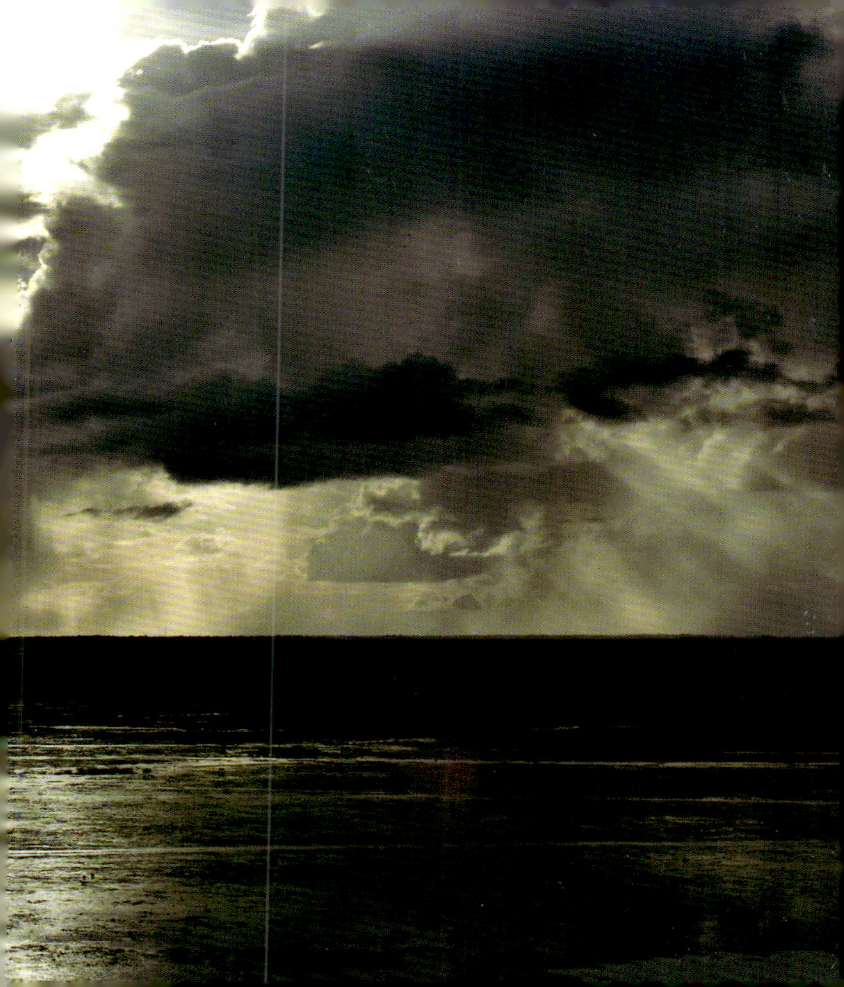

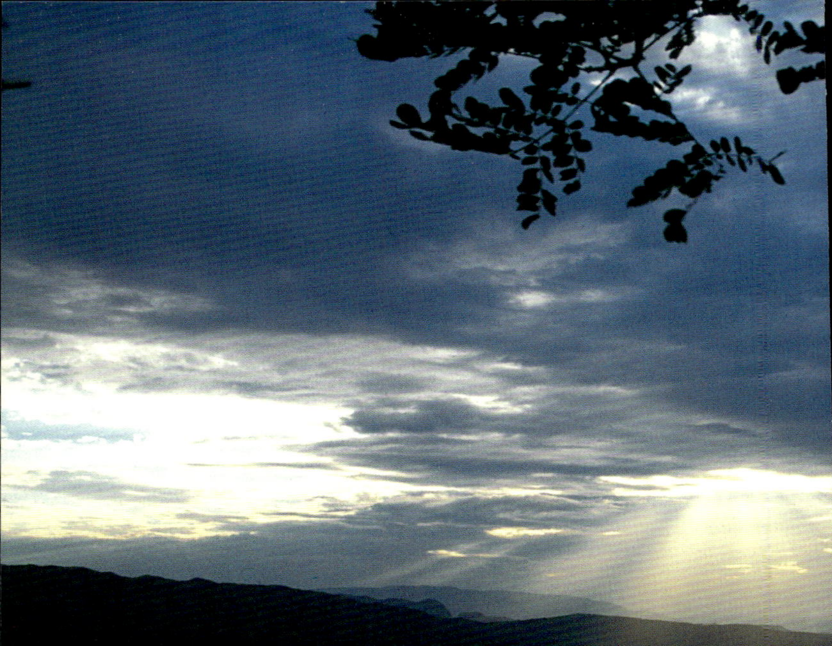

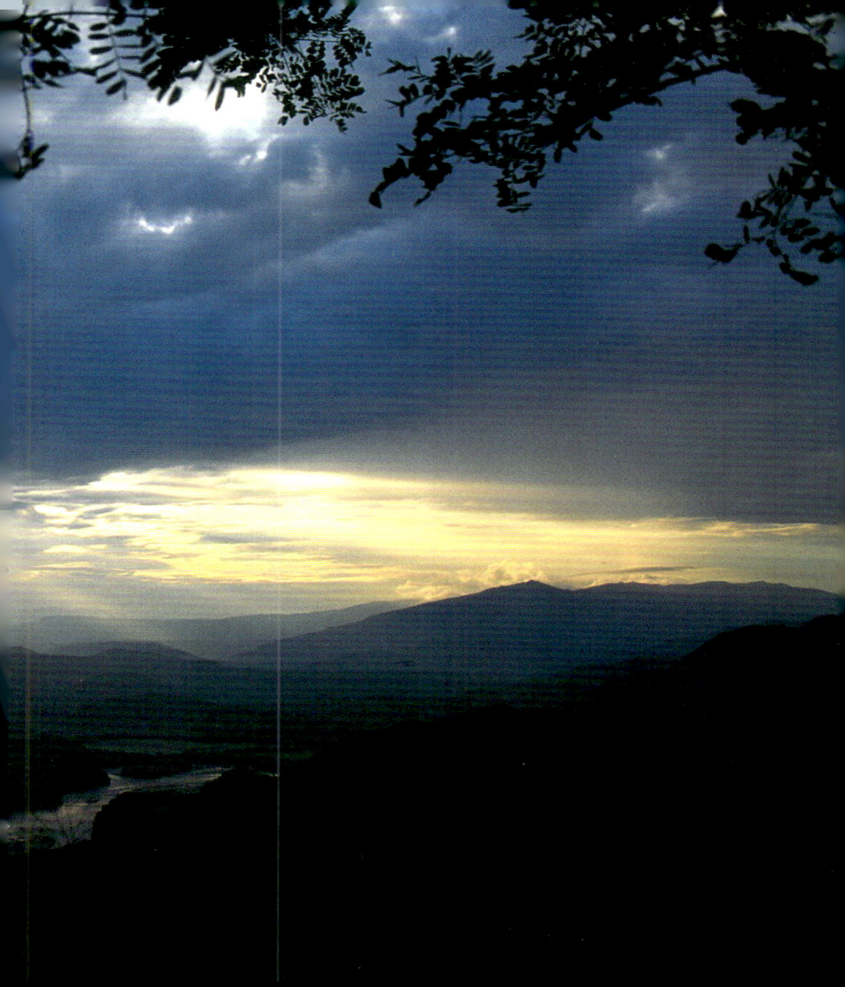

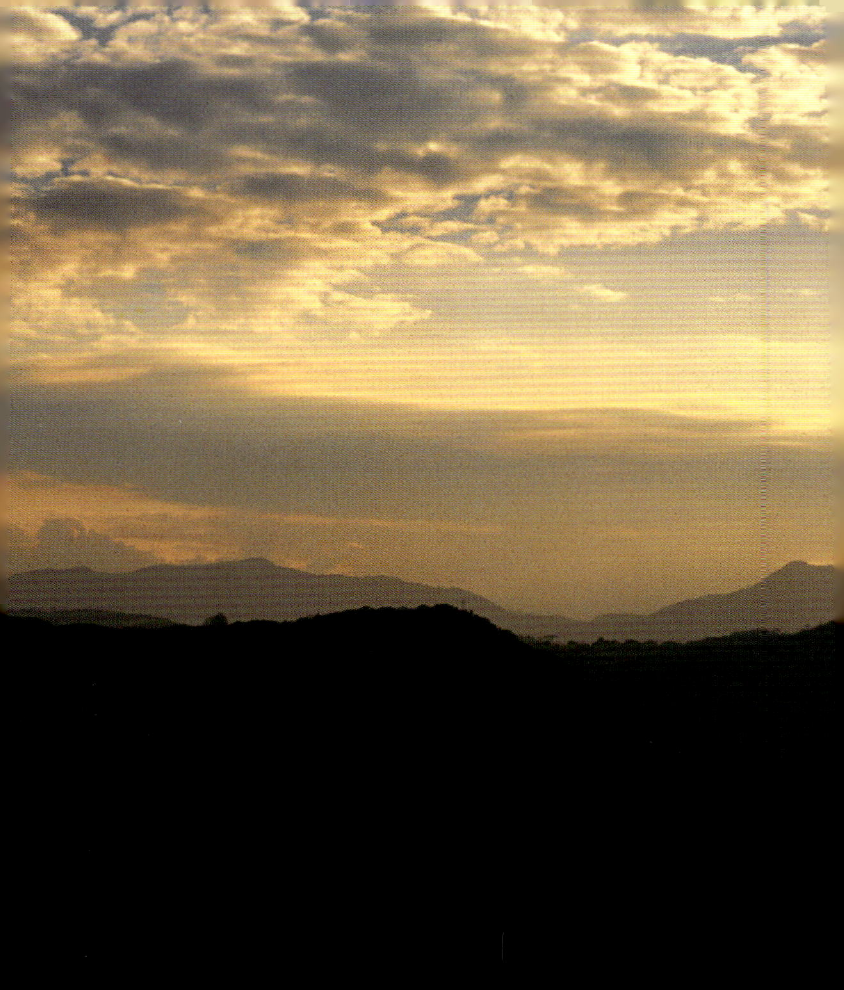

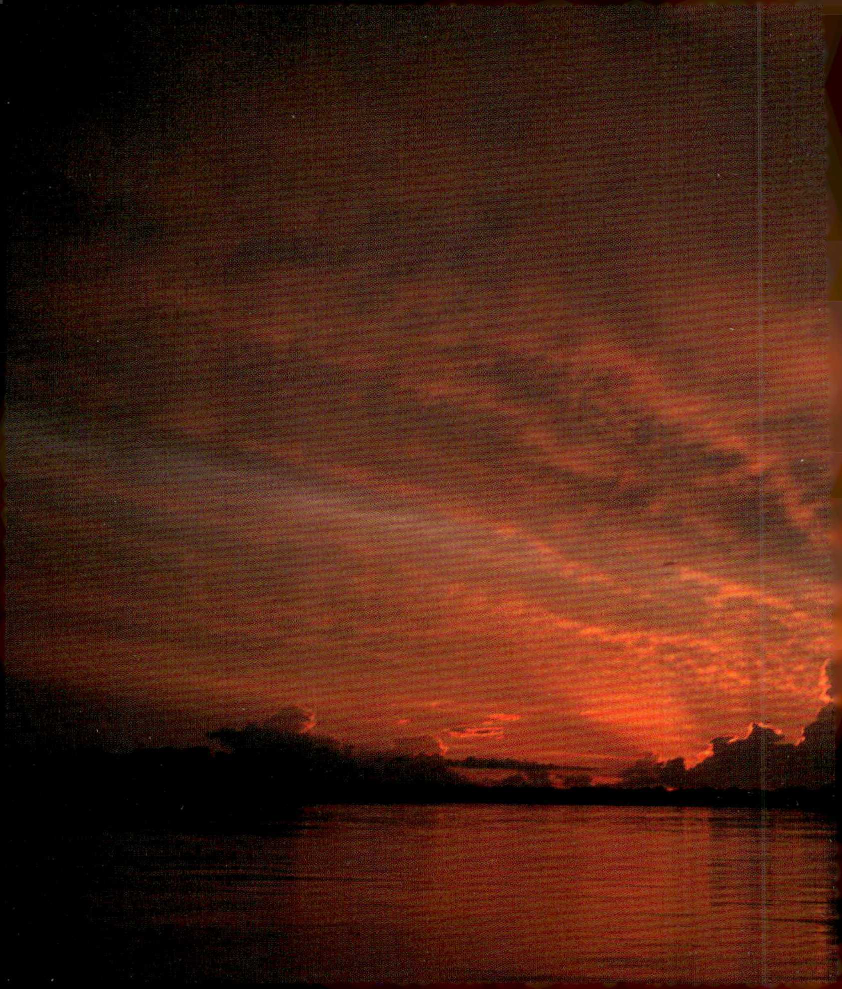

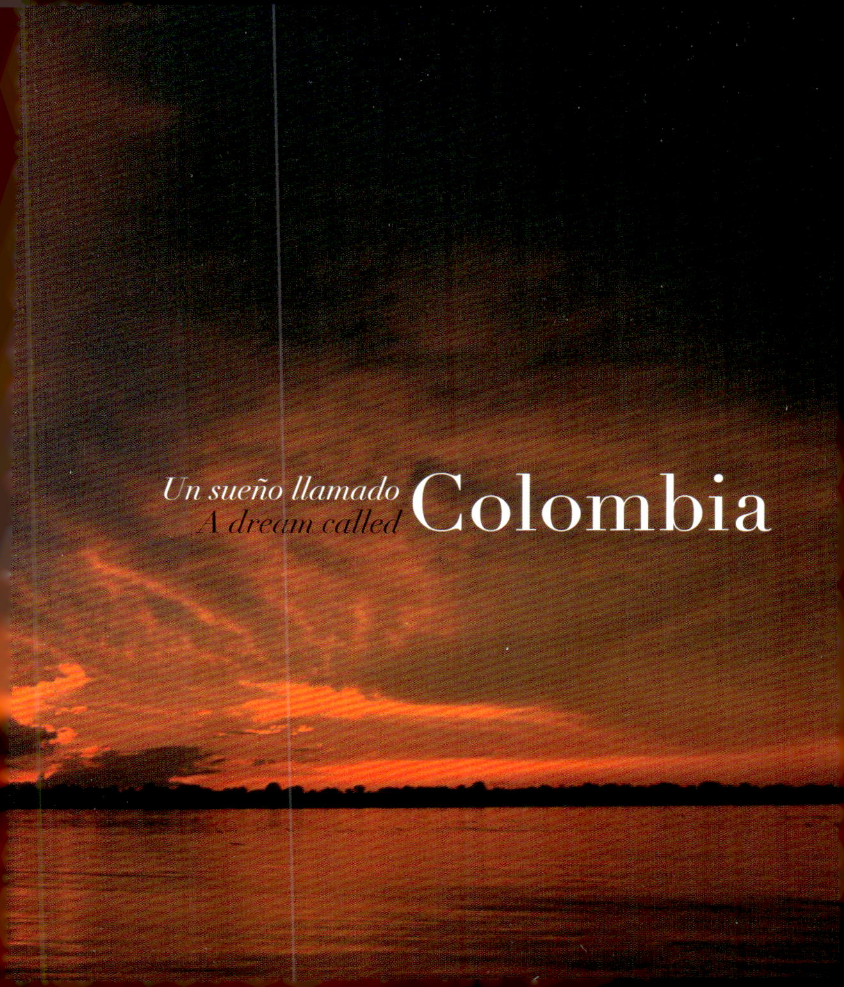

Un sueño llamado Colombia
A dream called Colombia

Obra producida y editada por / Produced and published by:
iM Editores Ltda.

Dirección Editorial / Editorial Management:
Santiago Montes Veira

Fotografías / Photography:
Angélica Montes Arango
Germán Montes Veira
Archivo iM Editores

Diseño y Diagramación / Design and Diagramming:
Angélica Montes Arango

Textos / Text:
Angélica Montes Arango
Fragmentos de poemas de Aurelio Arturo

Versión en inglés / English Version:
Michael Sparrow

Corrección digital de color / Digital Colour Retouching:
Gabriel Daza Larrotta

Impresión / Printed by:
Editorial Nomos

ISBN 978-958-9343-16-6

www.imeditores.com
Bogotá, Colombia.

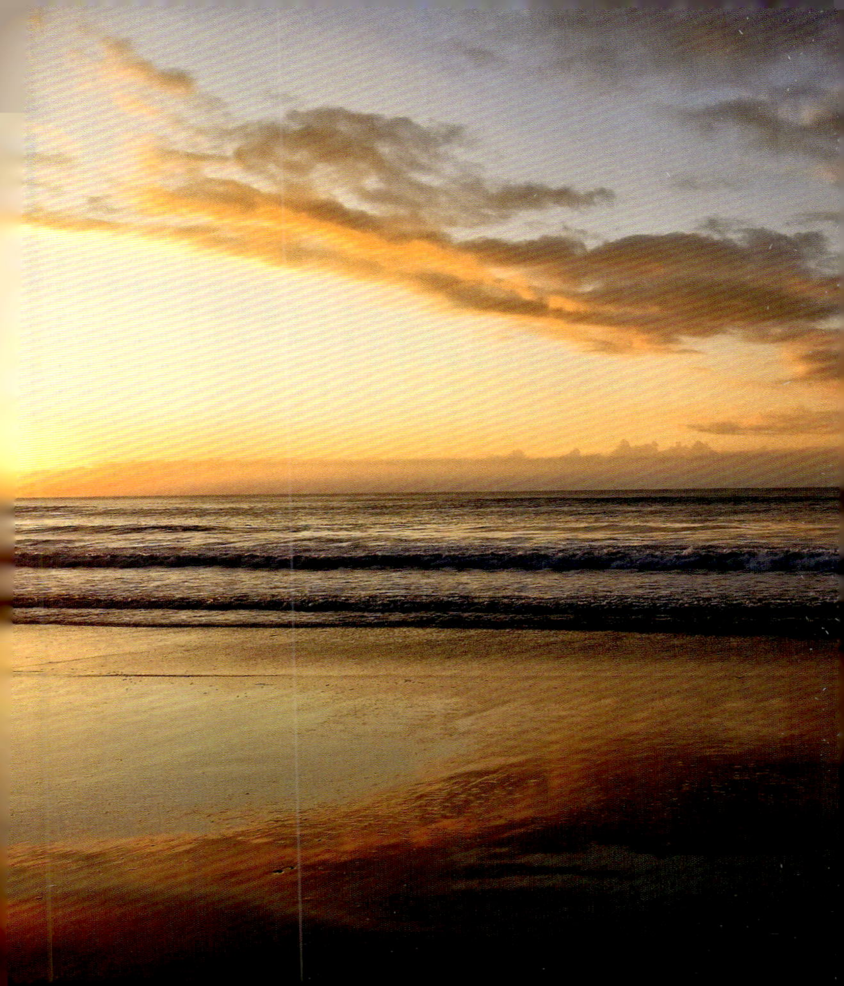

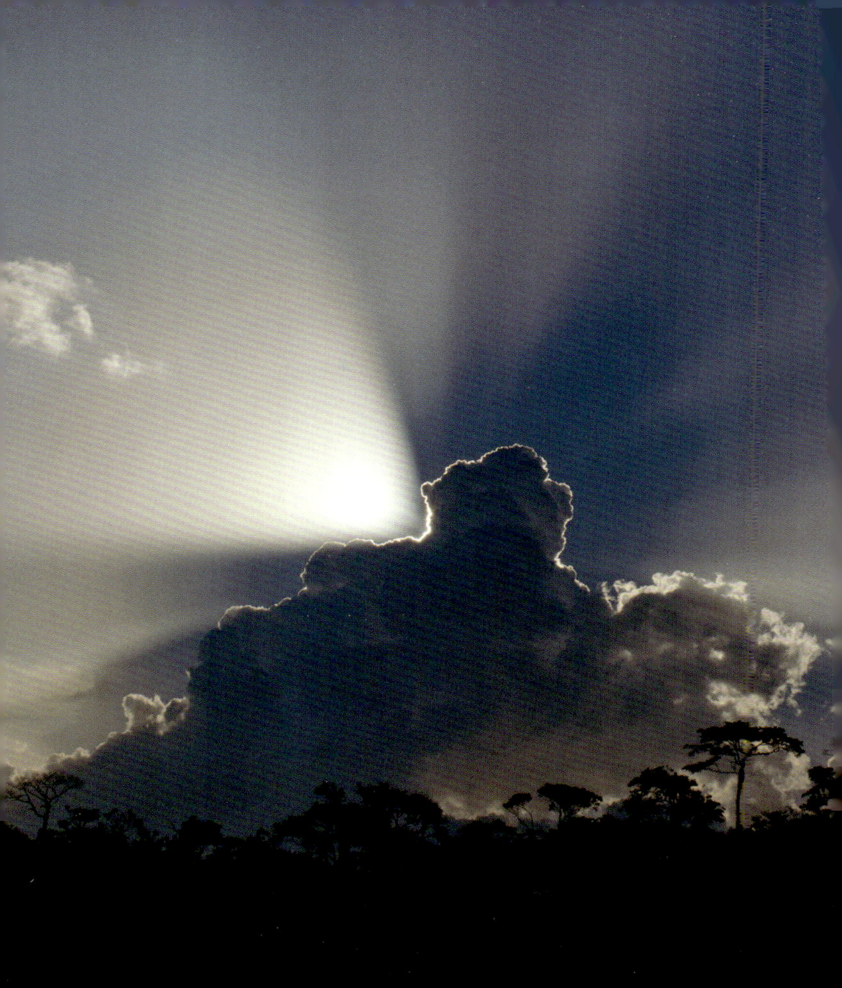

Contenido · Contents

Un sueño llamado Colombia

Esta obra es una invitación a soñar... a vivir la verdadera esencia de una tierra cuya alegría se manifiesta en todos los rincones de nuestra diversa geografía y en cada esquina de sus pueblos y ciudades. ¡Bienvenidos a la verdadera Colombia! el lugar de la Tierra donde no hace falta dormir para soñar, donde las luces y las sombras y la infinidad de tonos del color que cambian a cada instante con la luz, permiten disfrutar todo el esplendor de su belleza! En un instante y si el alma está dispuesta, cada paisaje se transforma ante nuestros ojos con inesperados matices que nos entregan nuevos aspectos de su sorprendente realidad.

A Dream Called Colombia

This work is an invitation to dream... to soak in the very essence of a land where cheerfulness is the order of the day, even in the remotest spots in its immensely varied countryside and round every corner in its towns and cities. Welcome to the real Colombia, the place on earth where there's no need to go to sleep if you want to dream, where light and shade and the infinite variety of ever-changing colours allow you to enjoy the full splendour of its beauty! In an instant, provided the soul is willing, every landscape gets transformed right before your eyes, with unexpected nuances that show you new aspects of its astonishing reality.

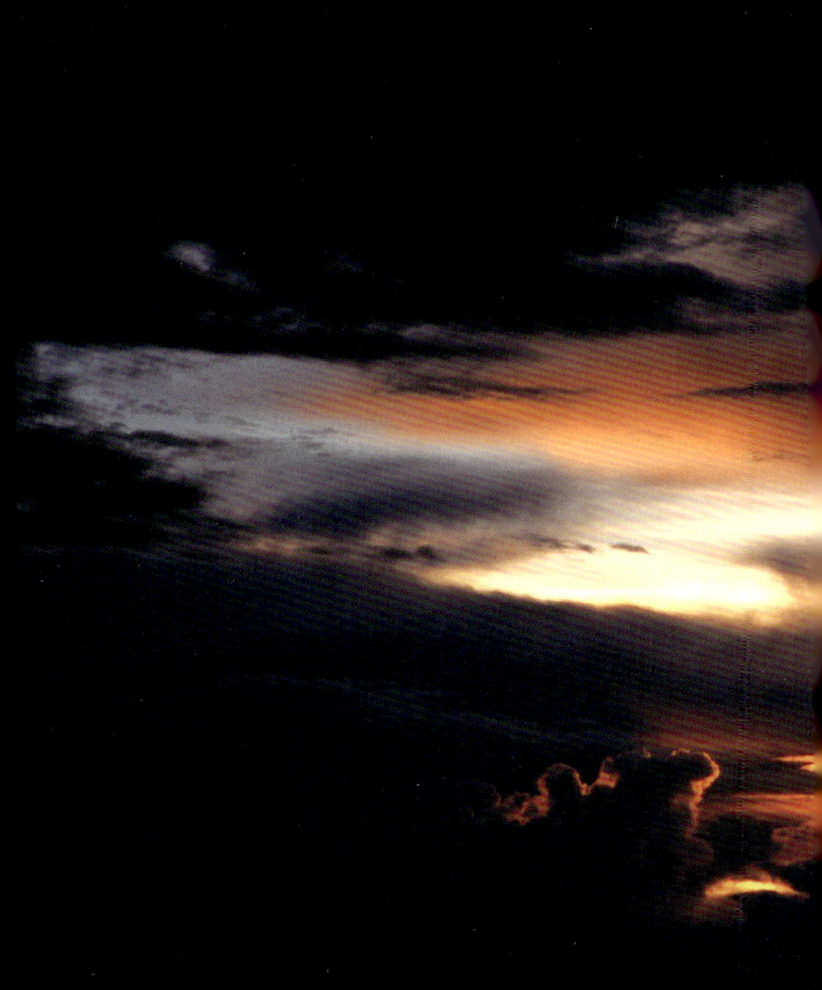

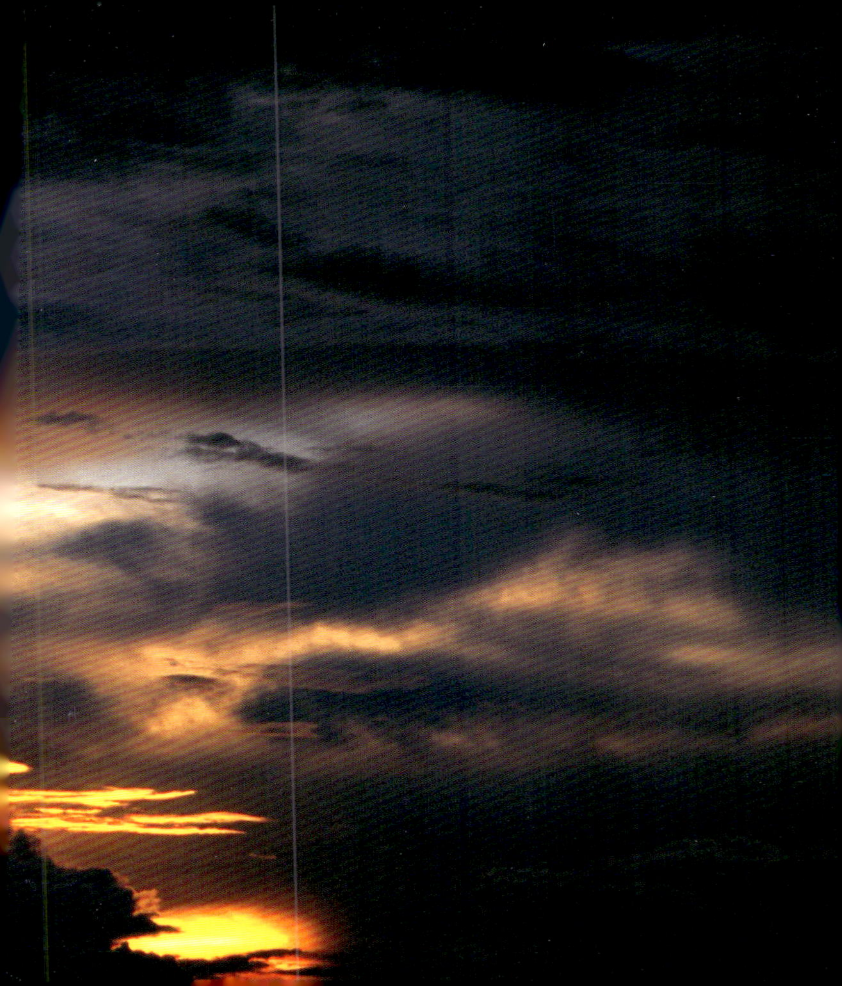

Entre sombras

Amaneceres y atardeceres parecen uno solo. Como si el tiempo se detuviera y flotara entre las nubes, un halo de misterio abraza las montañas, los árboles, los tejados... La neblina envuelve los ambientes... atrapa la luz. Entonces, parece surgir el sosiego entre verdes y ocres, mientras el viento frío acaricia las hojas con los murmullos que son presagios del silencio. El agua cae, el vapor se eleva y las sombras se proyectan hacia la noche, e infinidad de destellos se reflejan en los espejos de agua que cubren de vida este inmenso territorio.

Amidst the Shadows

Dawn and dusk seem like but one. As if time had stood still and was floating in the clouds, a halo of mystery hangs over the mountains, the trees, the rooftops... The mist enshrouds everything, traps light. Suddenly, peace and tranquillity descend amongst the green and ochre, as the cold wind caresses the leaves with murmurs that are portents of silence. Water falls, vapour rises, and the shadows lengthen towards night, when the light from a myriad twinkling stars is reflected in the water that covers this immense territory with life.

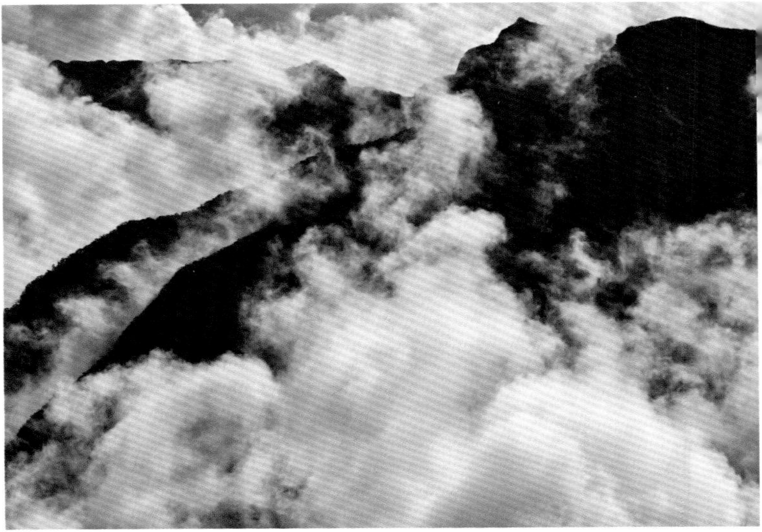

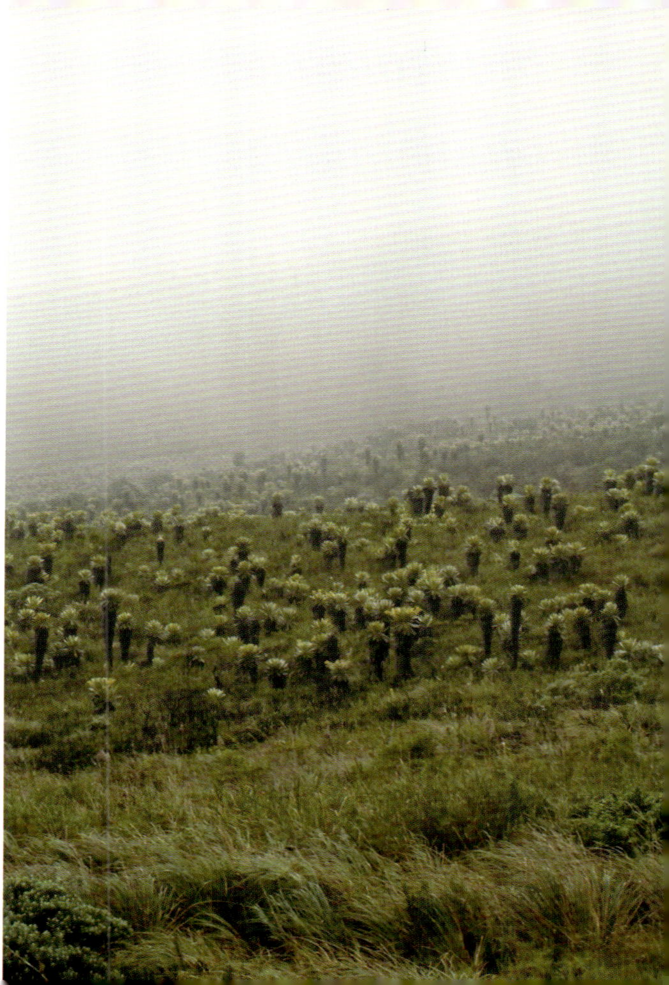

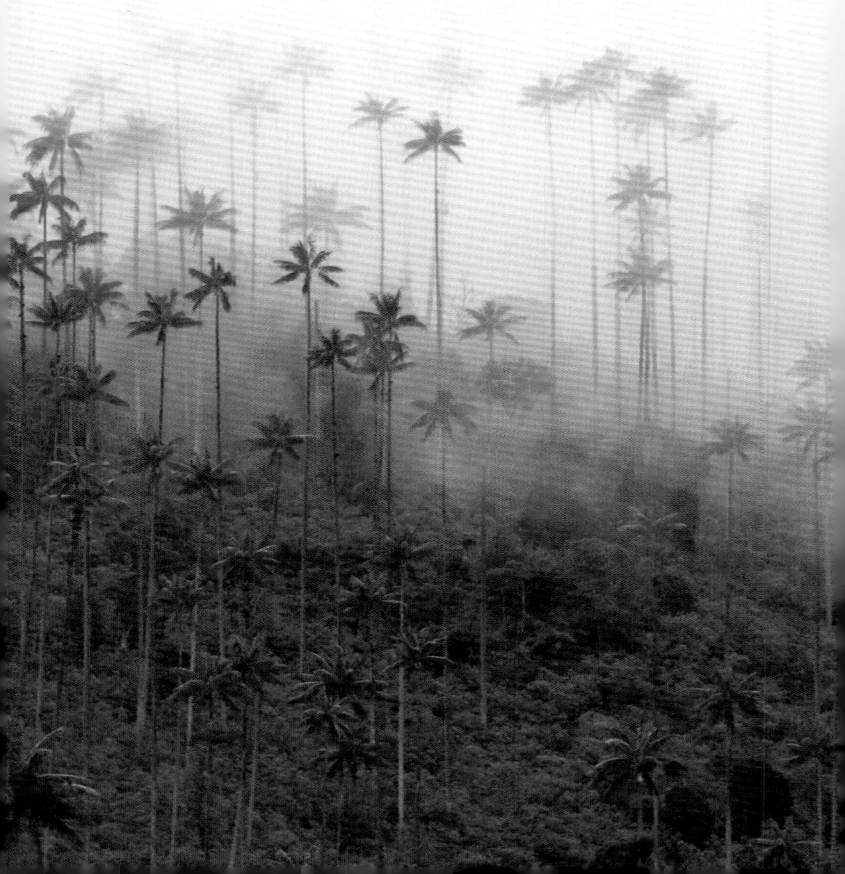

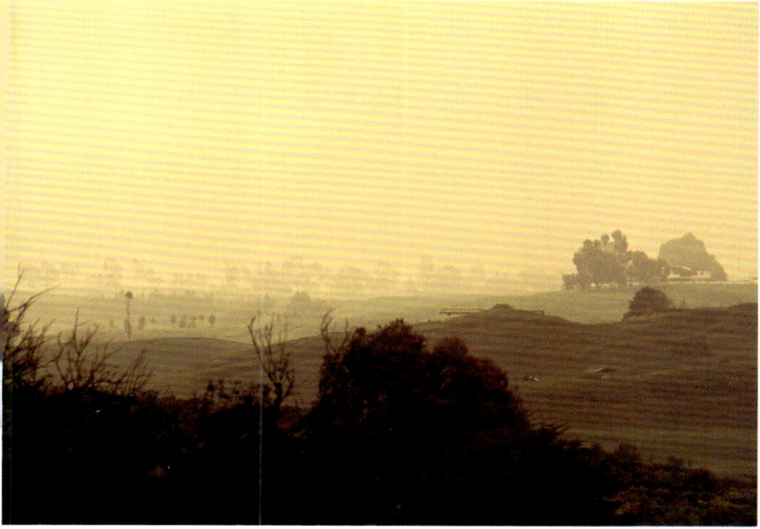

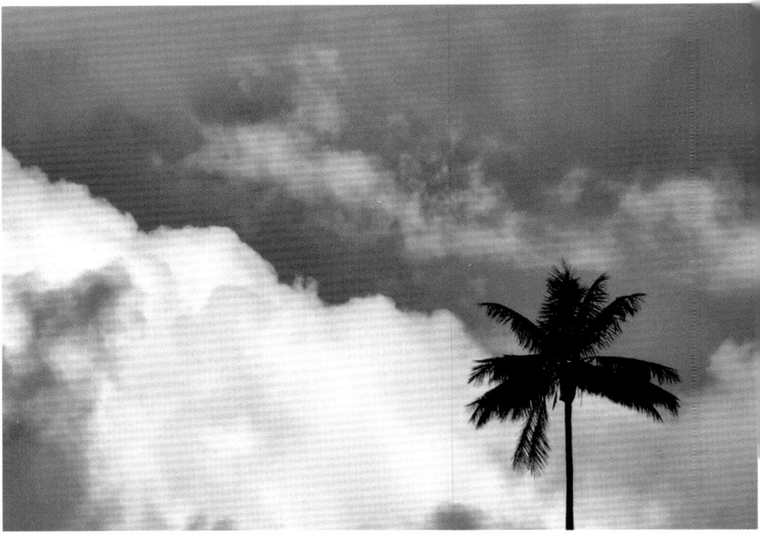

"Días antiguos,
de sol y alas,
y de viento en las ramas,
cada hoja una sílaba,
la sombra de una palabra,
palabras secretas
de fragancia y penumbra".[1]

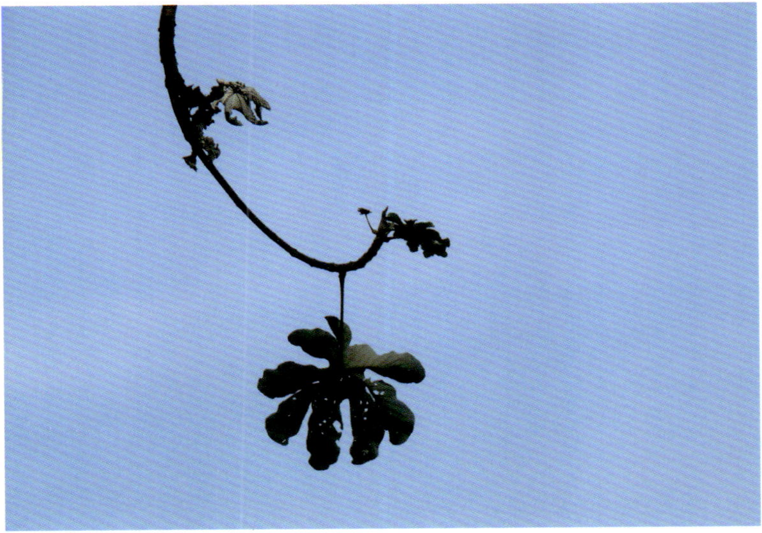

"Days gone by
of sun and wings,
and wind in the branches,
each leaf a syllable,
the shadow of a word,
secret words
of fragrance and half-light."

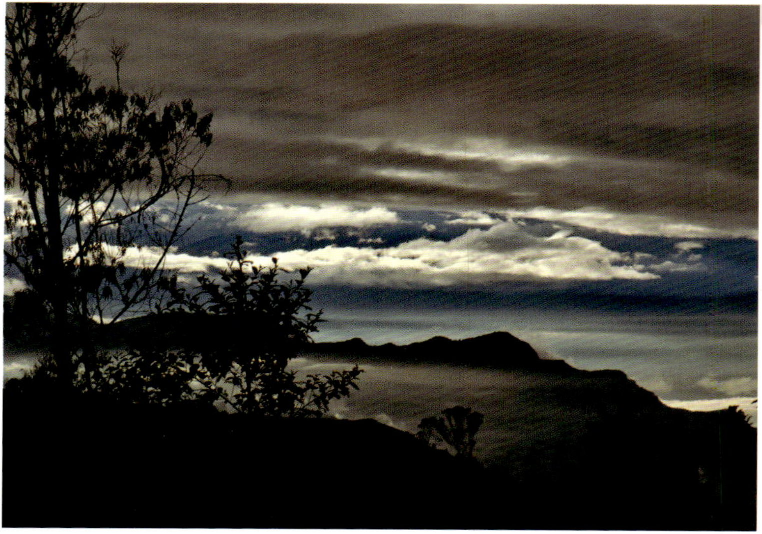

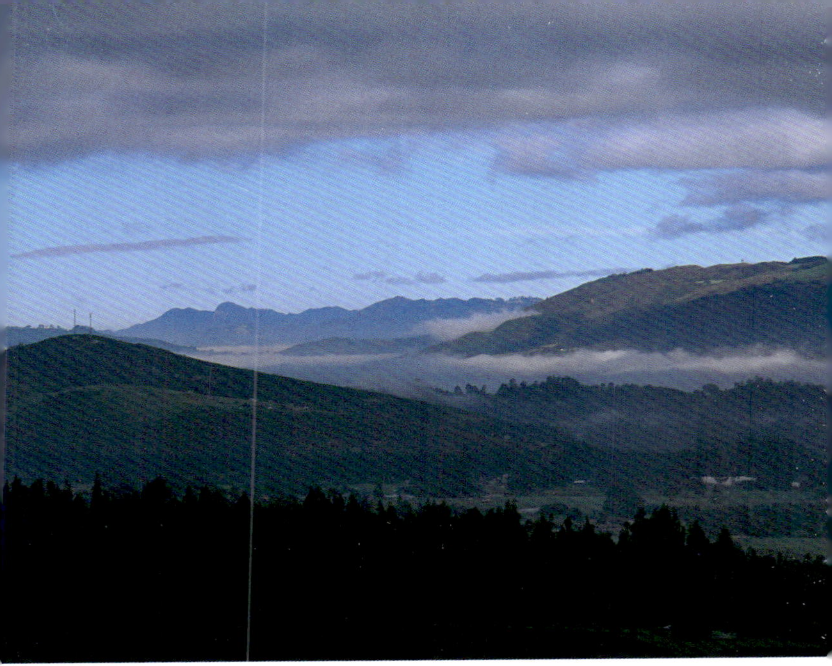

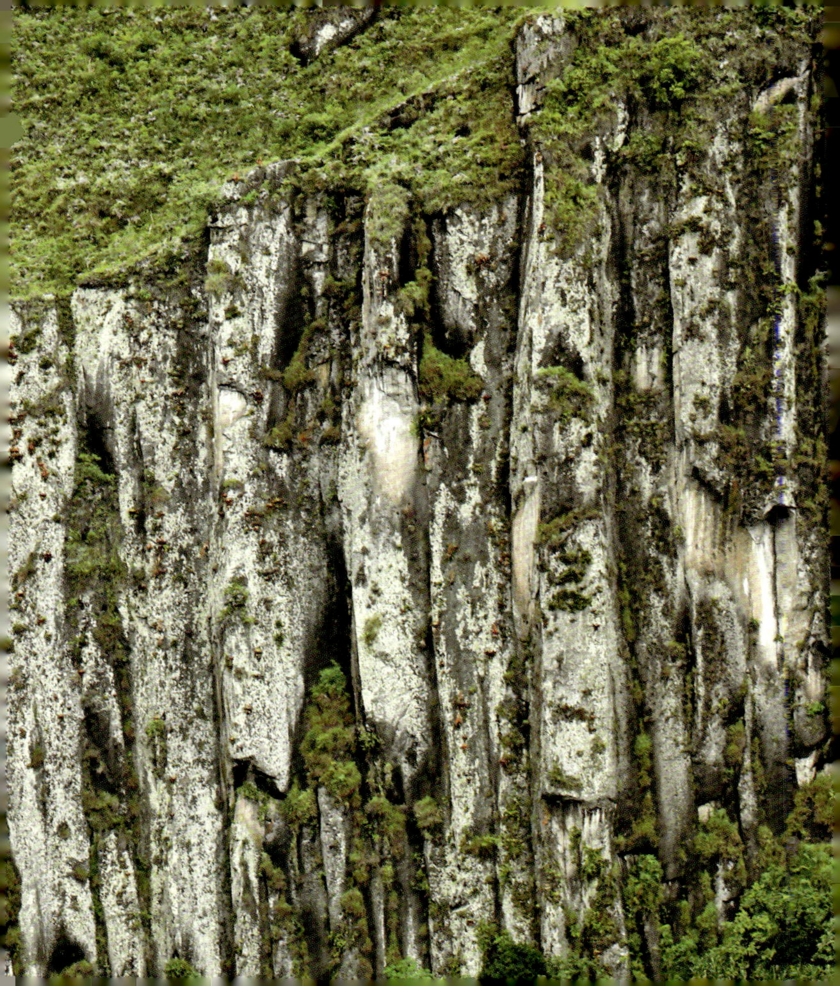

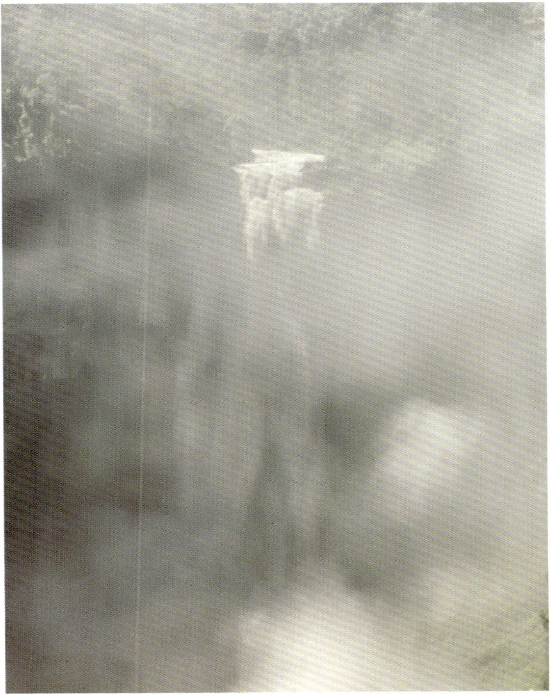

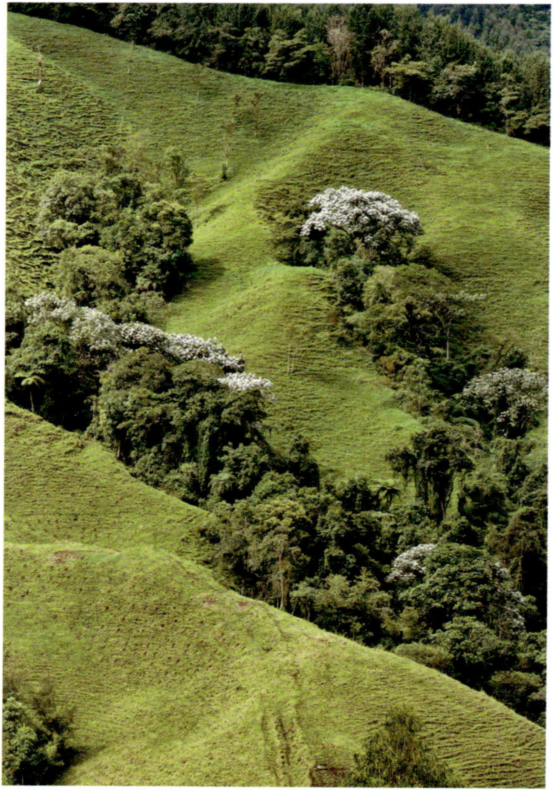

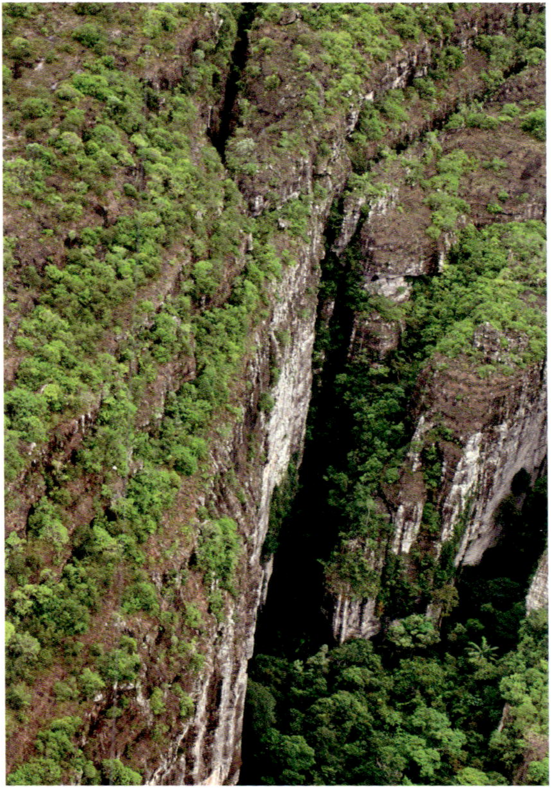

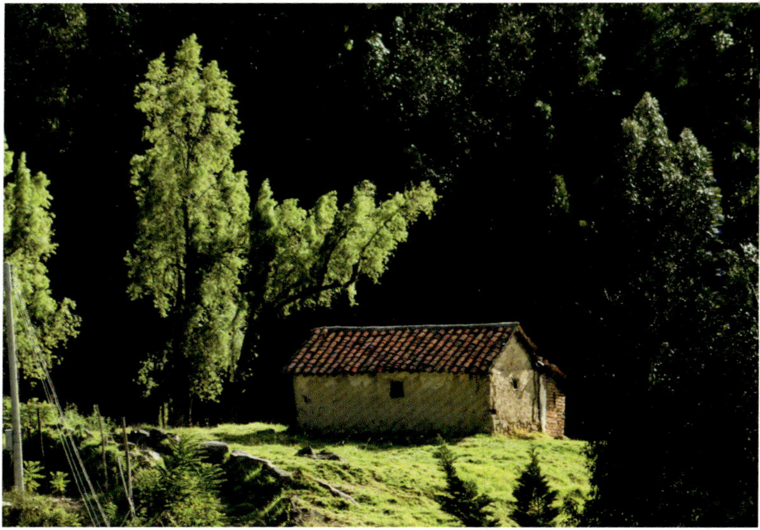

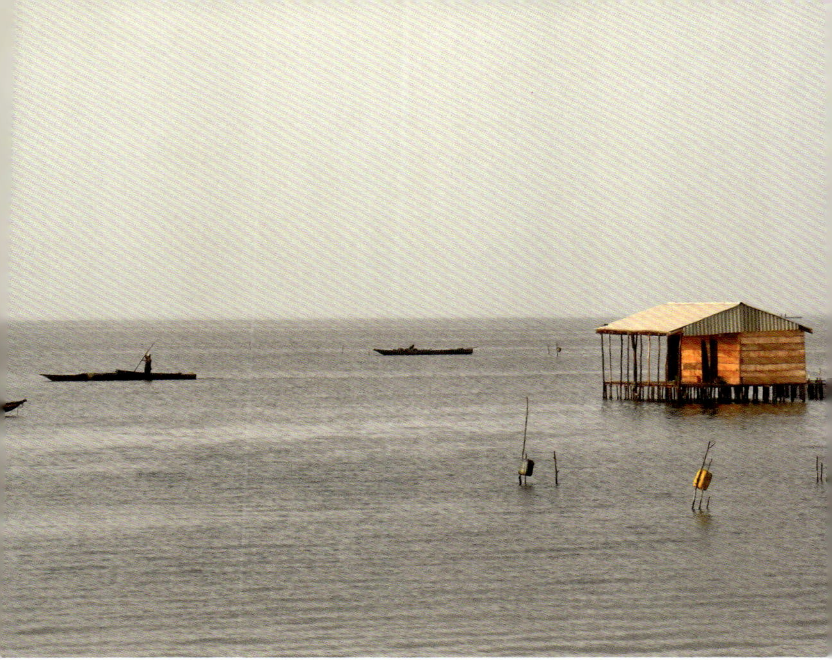

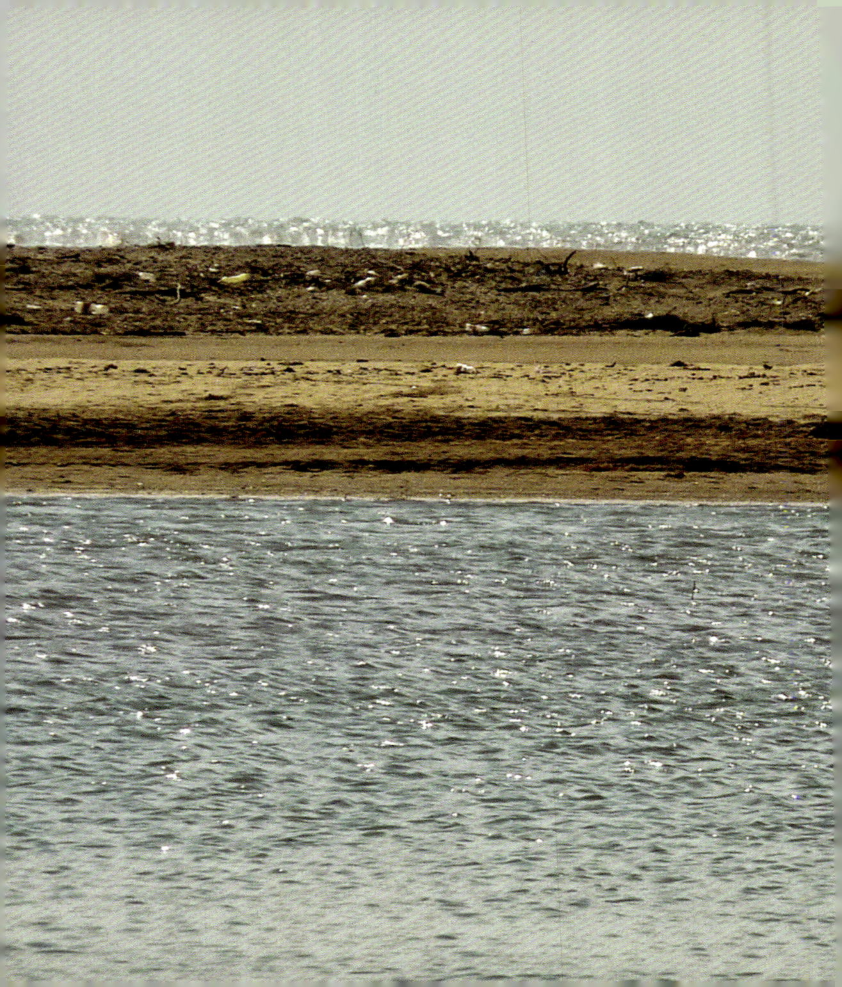

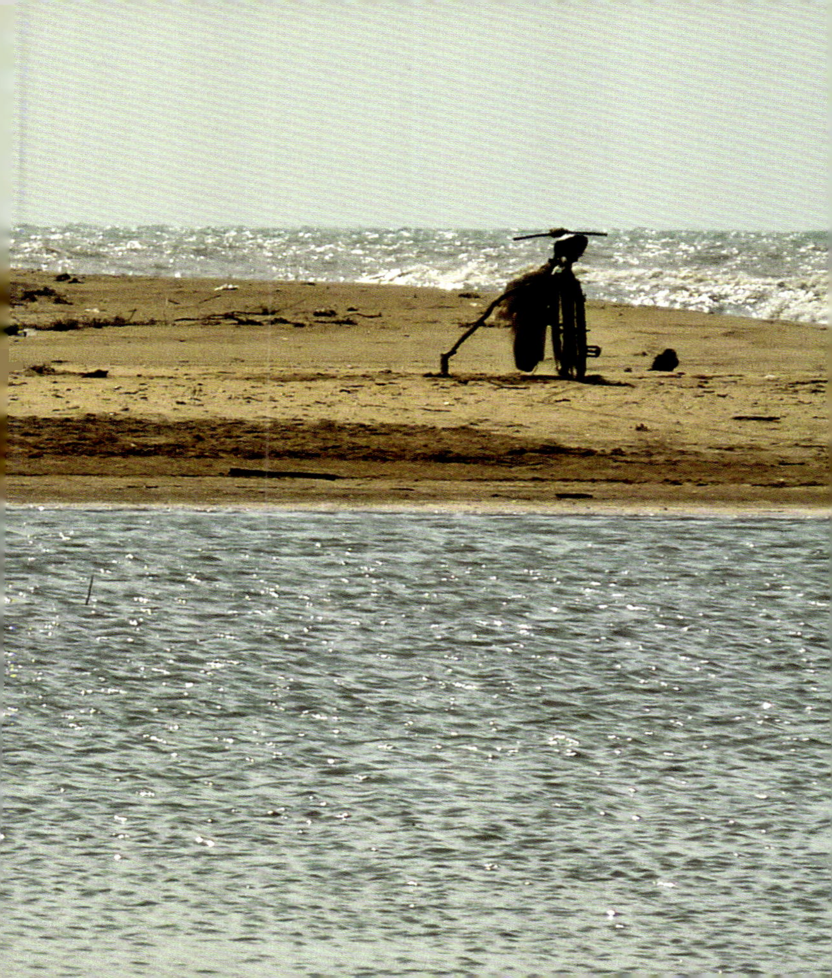

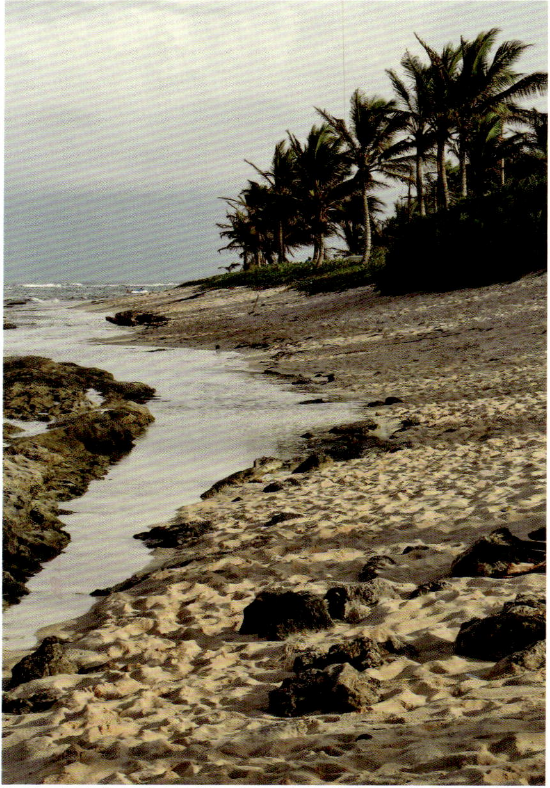

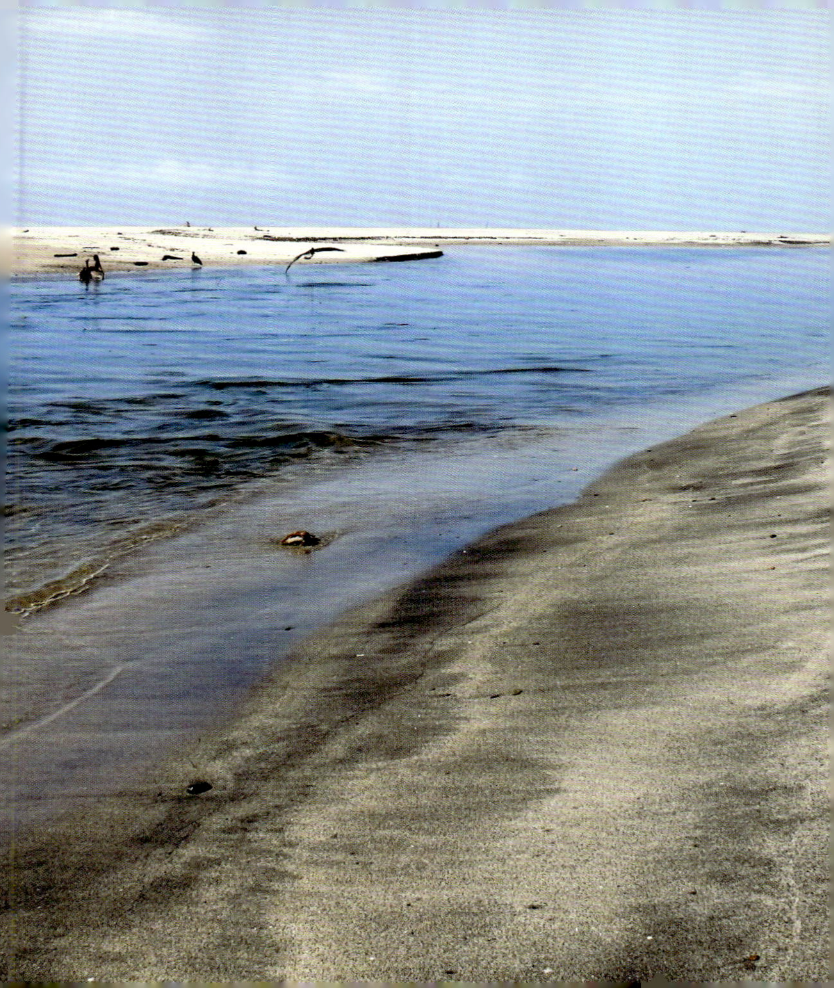

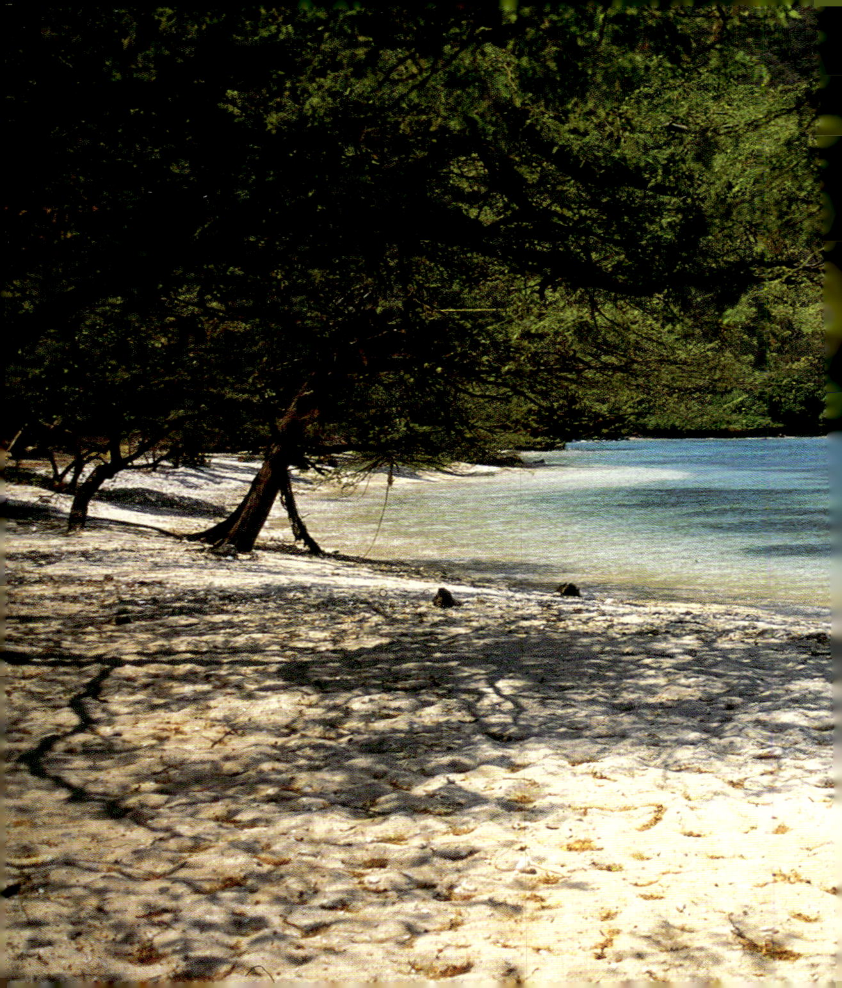

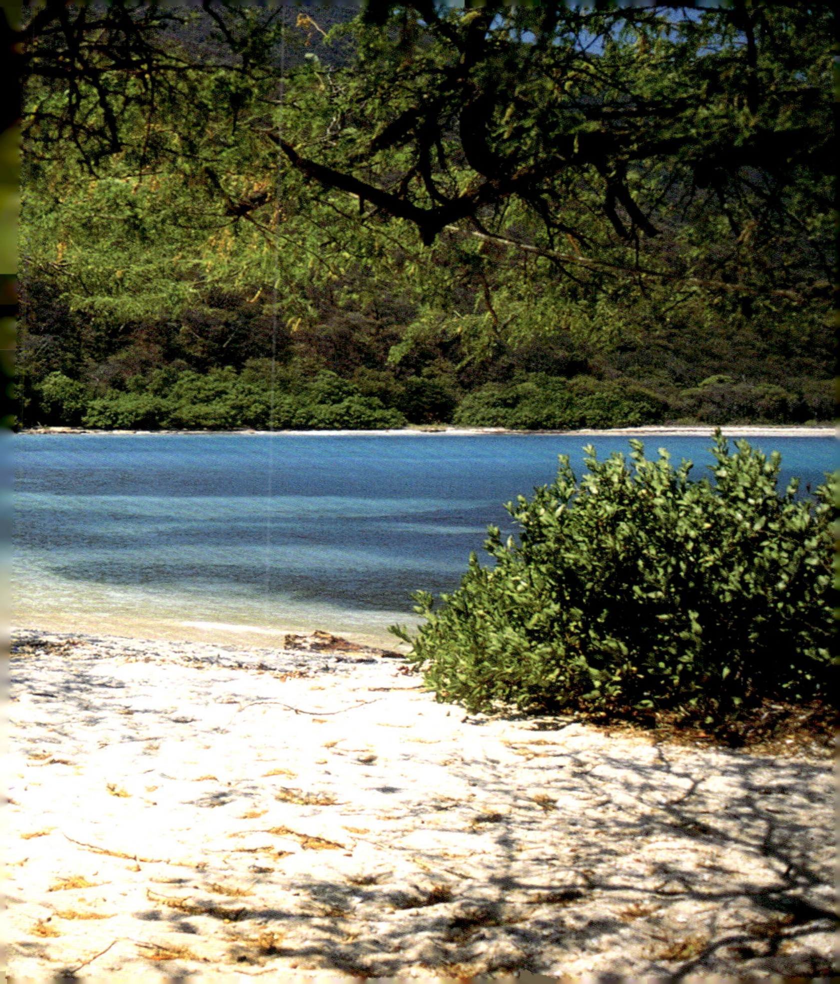

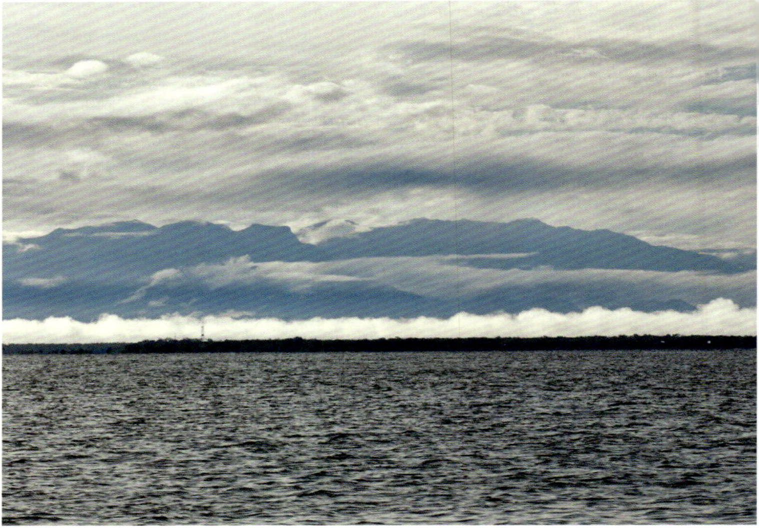

"Ésta es la tierra en que hemos sido felices.
Ésta es la tierra en que hemos sufrido.
Aquí muchas veces lloramos
sin lágrimas, hondamente, y soñamos
dulces sueños".[2]

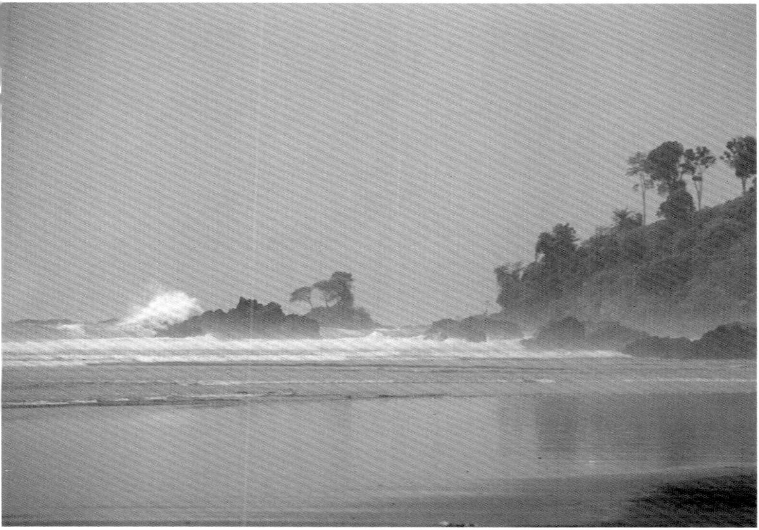

"This is the land where we have been happy;
This is the land where we have suffered.
Many times here we have cried
without tears, sobbing, and dreamed
sweet dreams."[2]

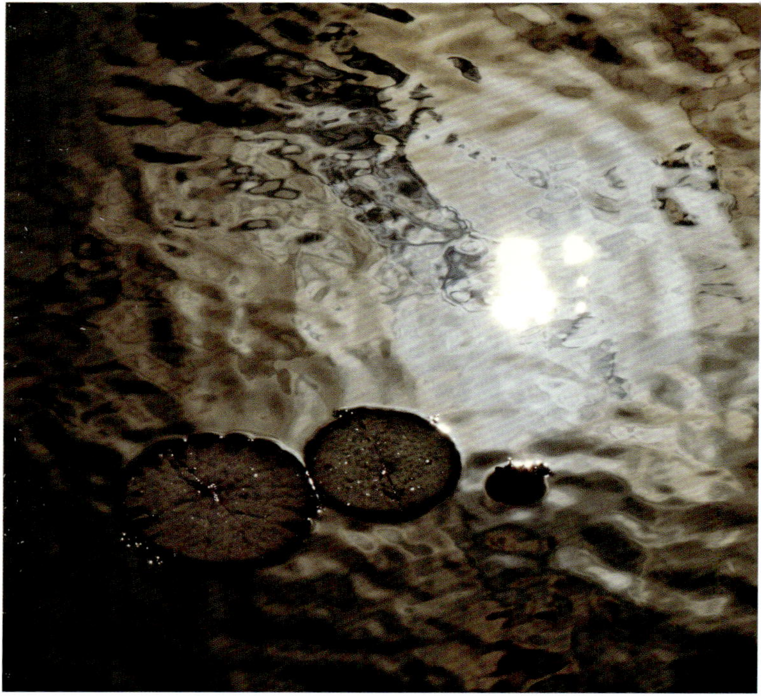

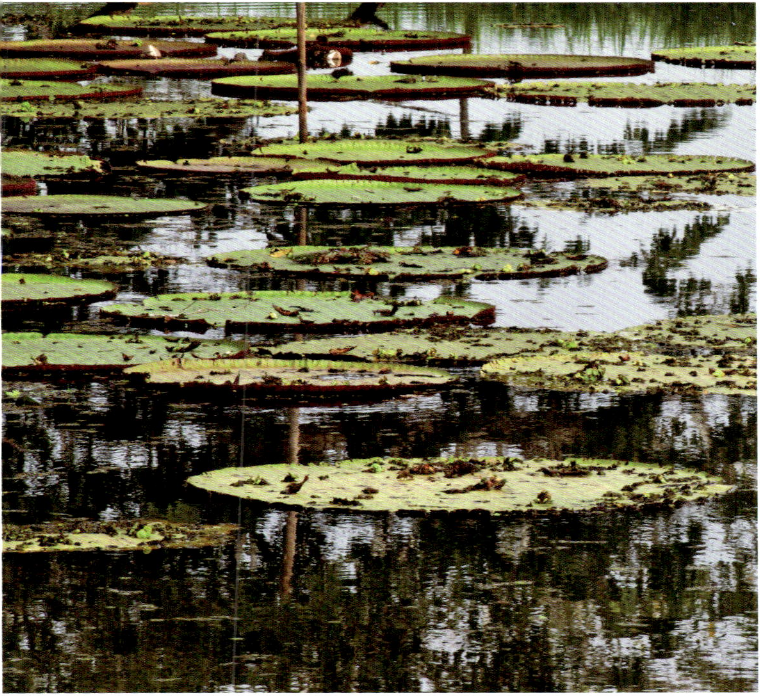

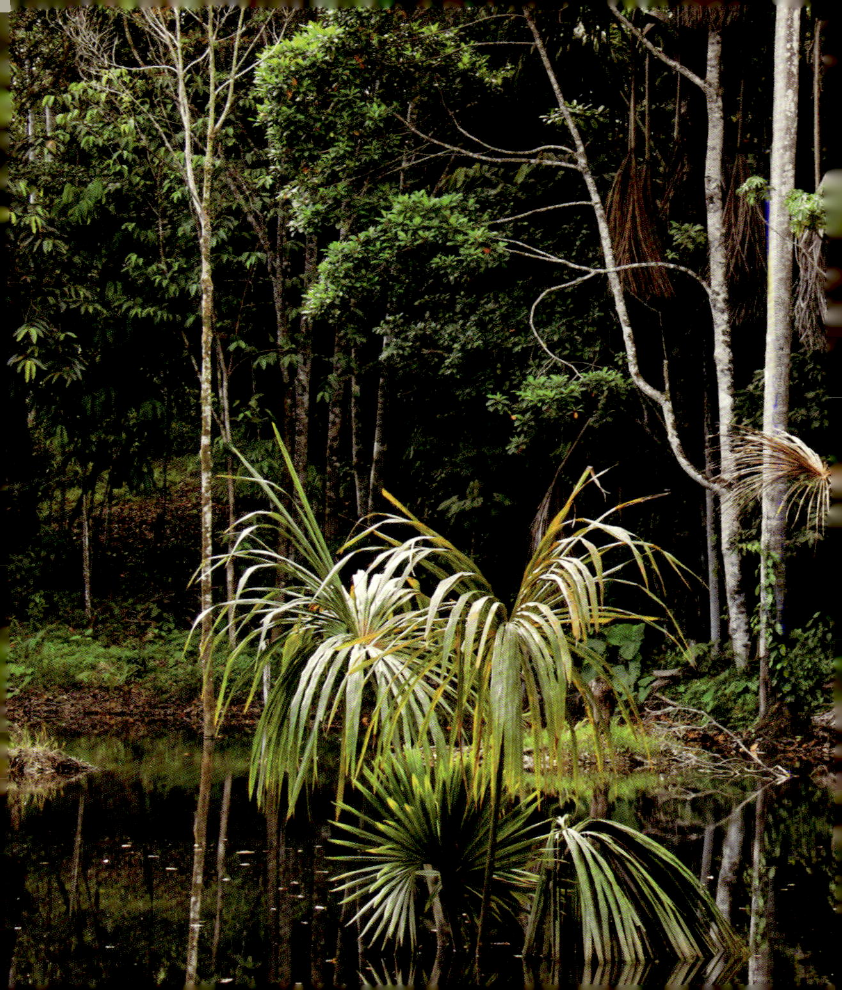

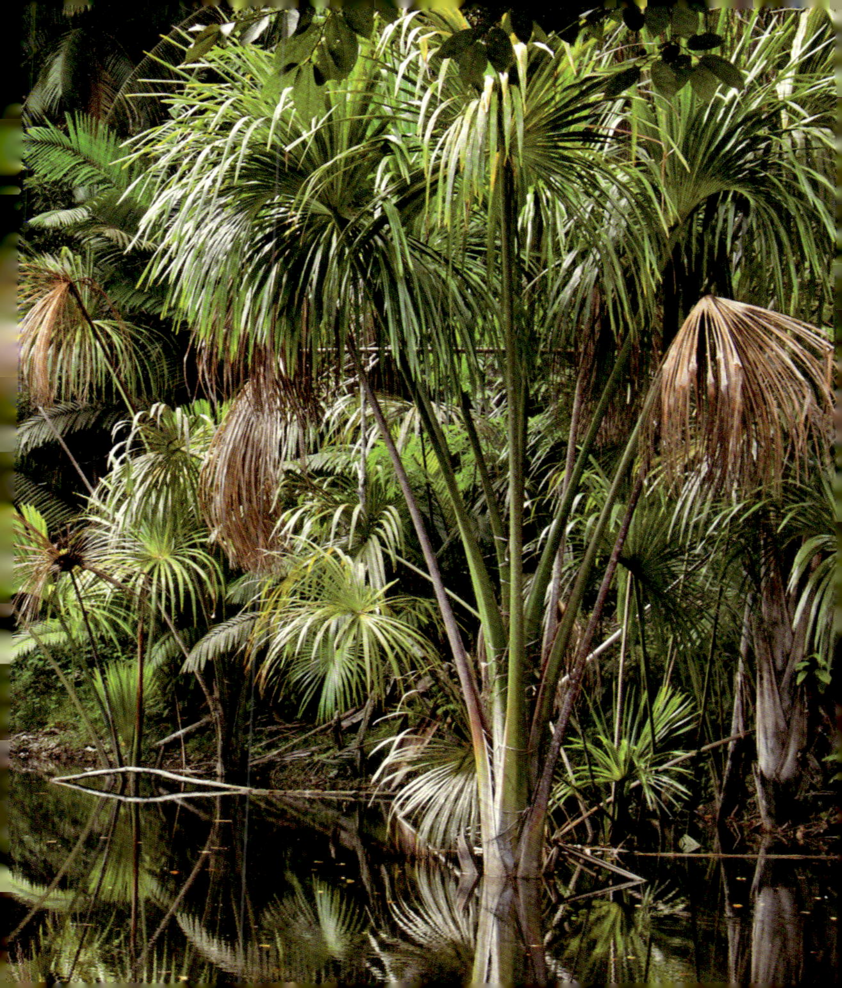

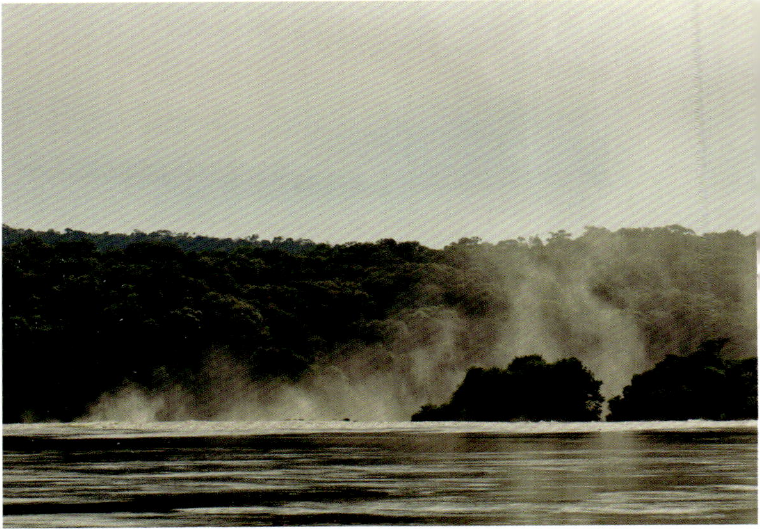

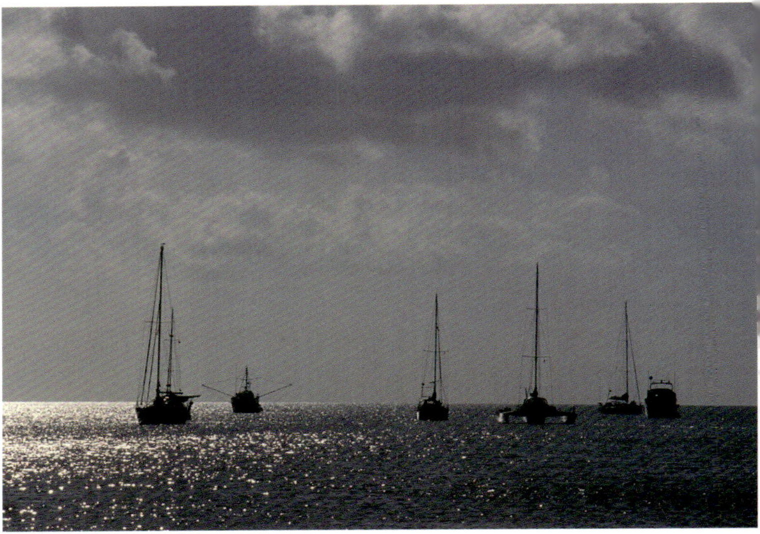

"¡El mar! ¡La mar inmesa!
Ya va lejos el barco,
ya aletean muy lejos
tantos pañuelos blancos".[3]

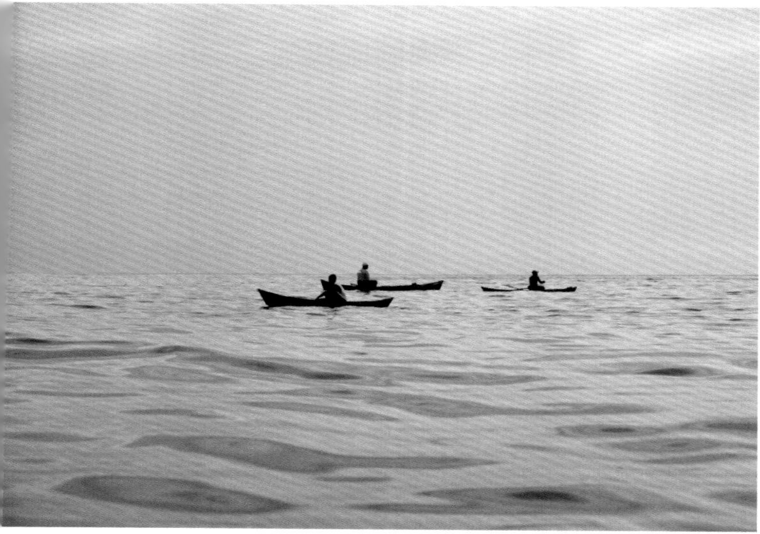

"The sea! The vast sea!
The ship is far away now,
far, far away all those white handkerchiefs
are waving."

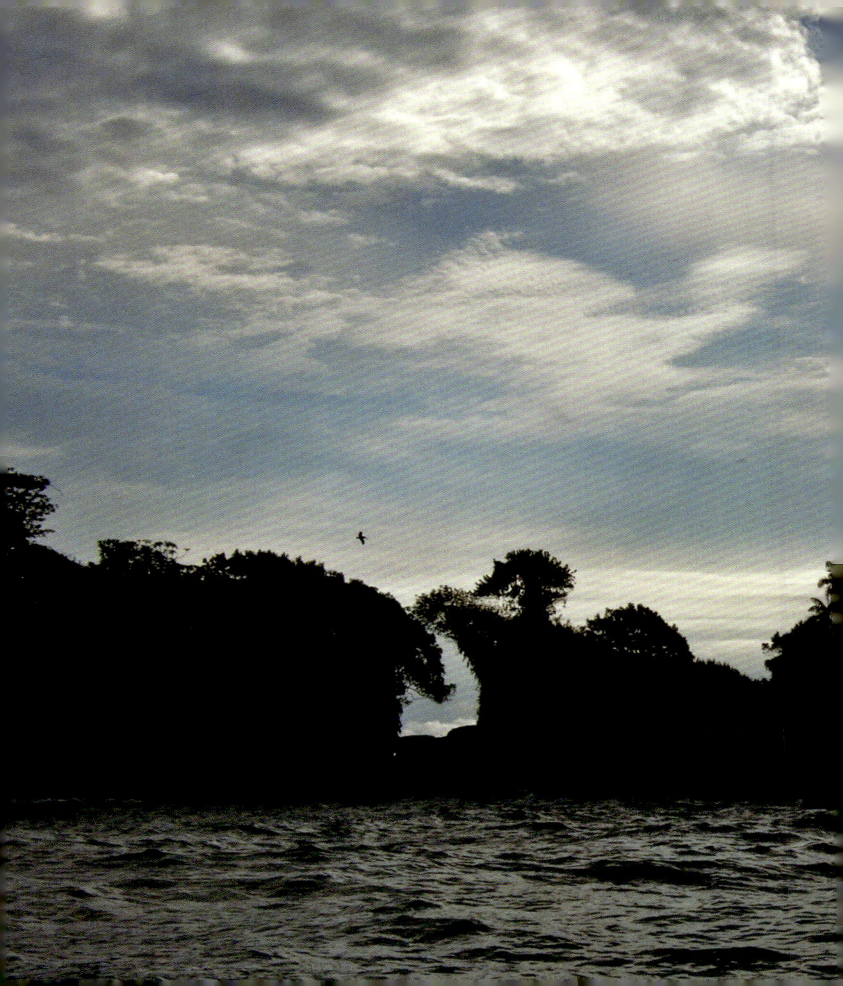

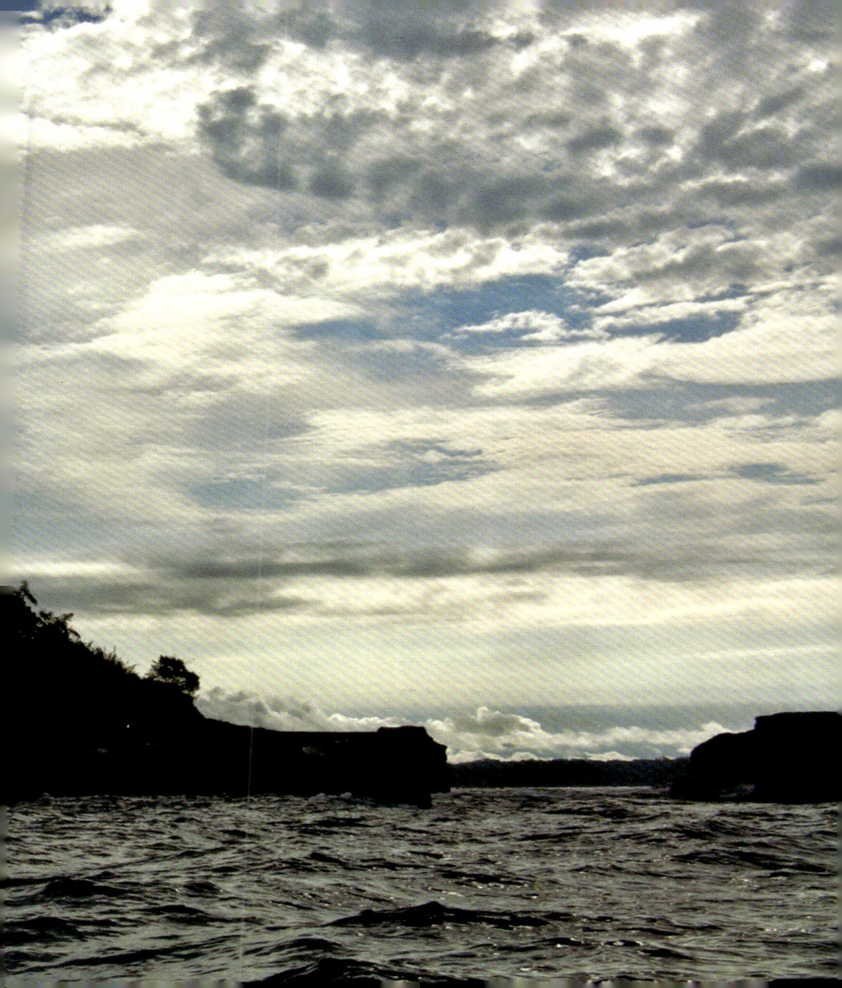

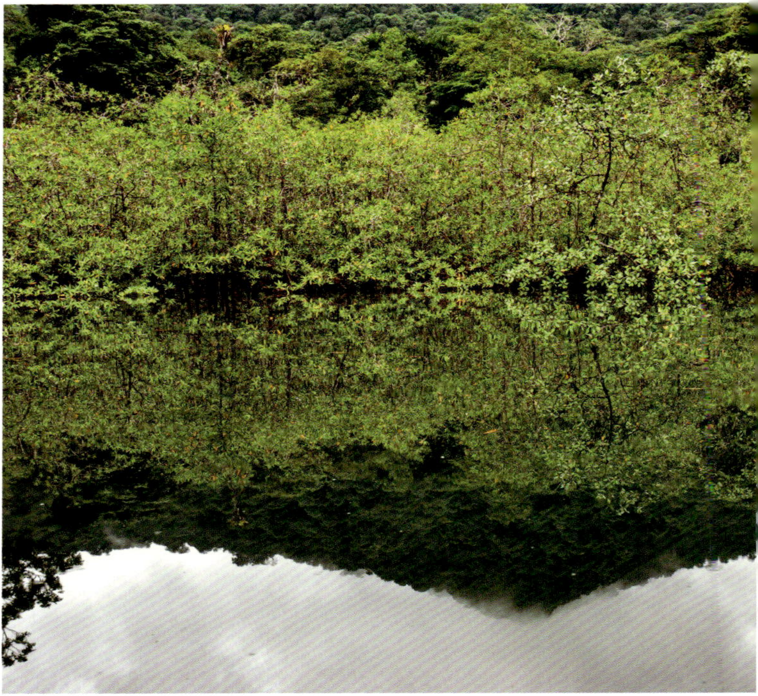

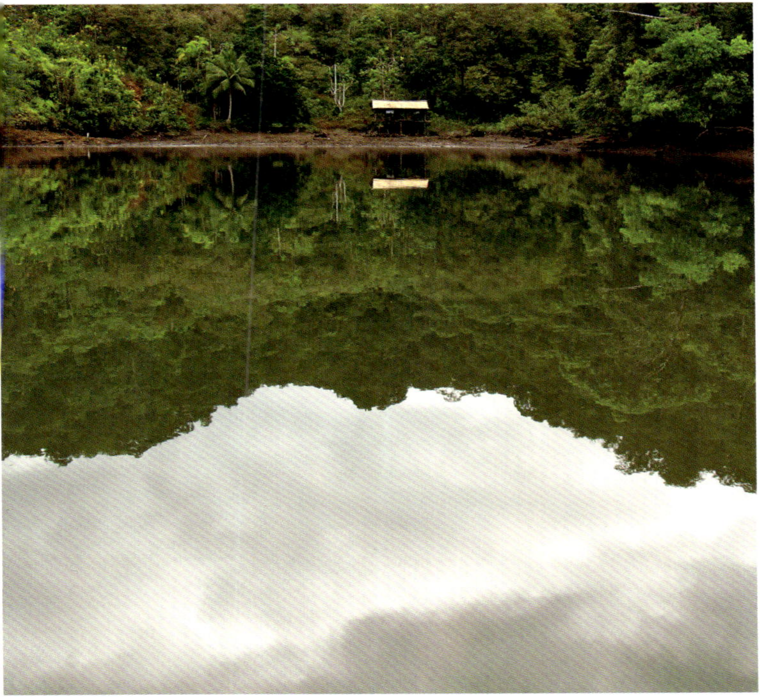

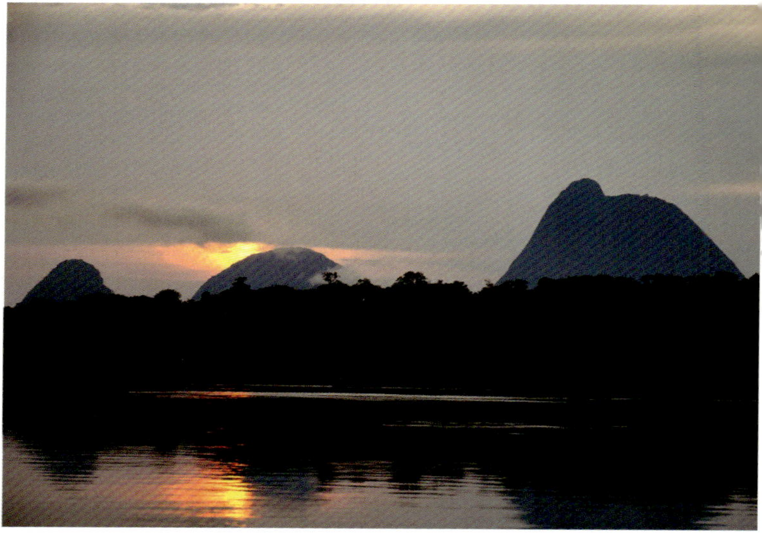

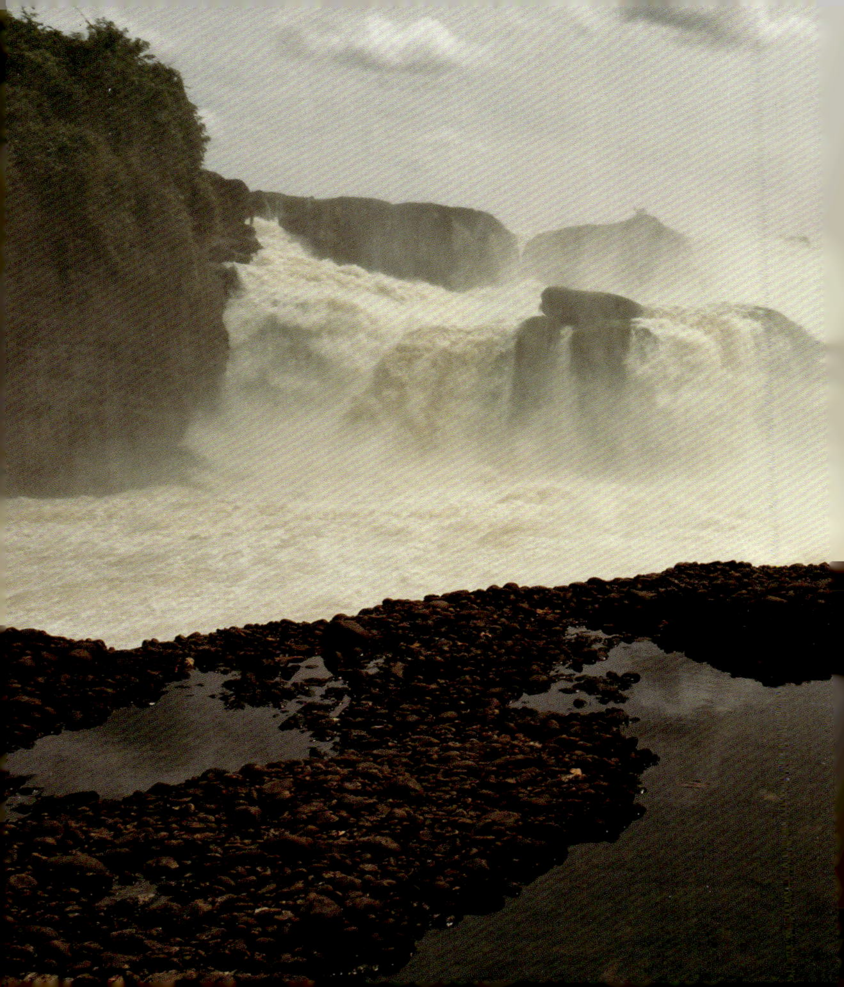

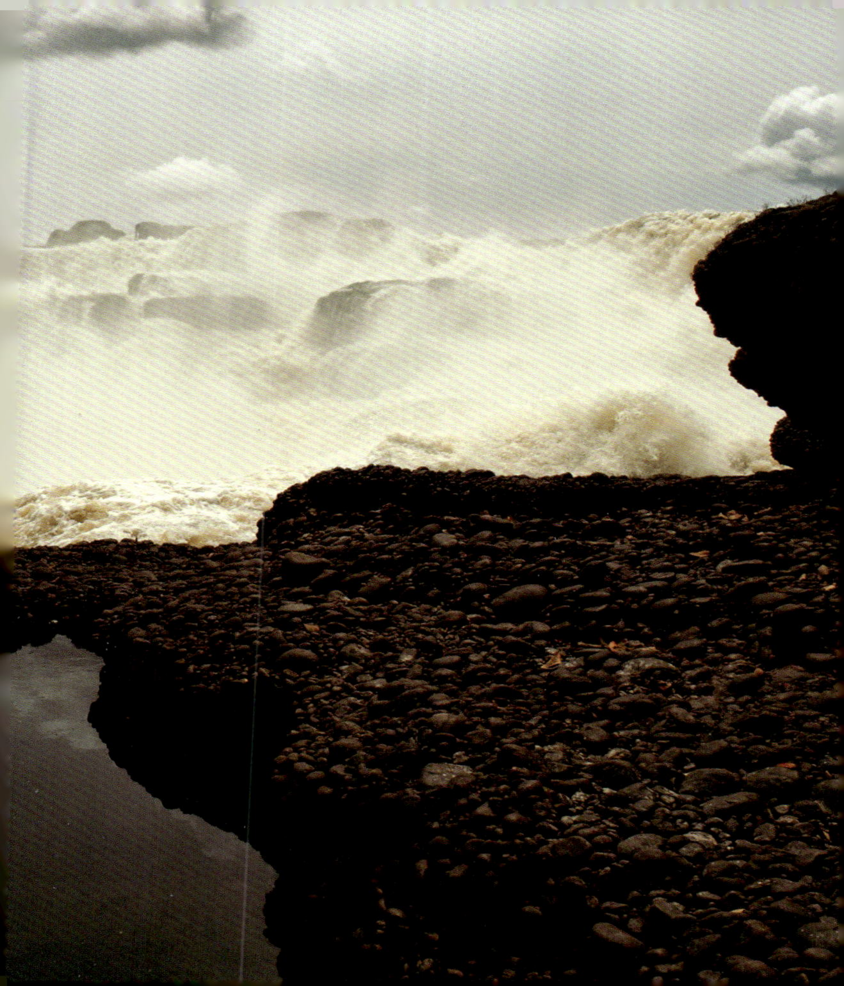

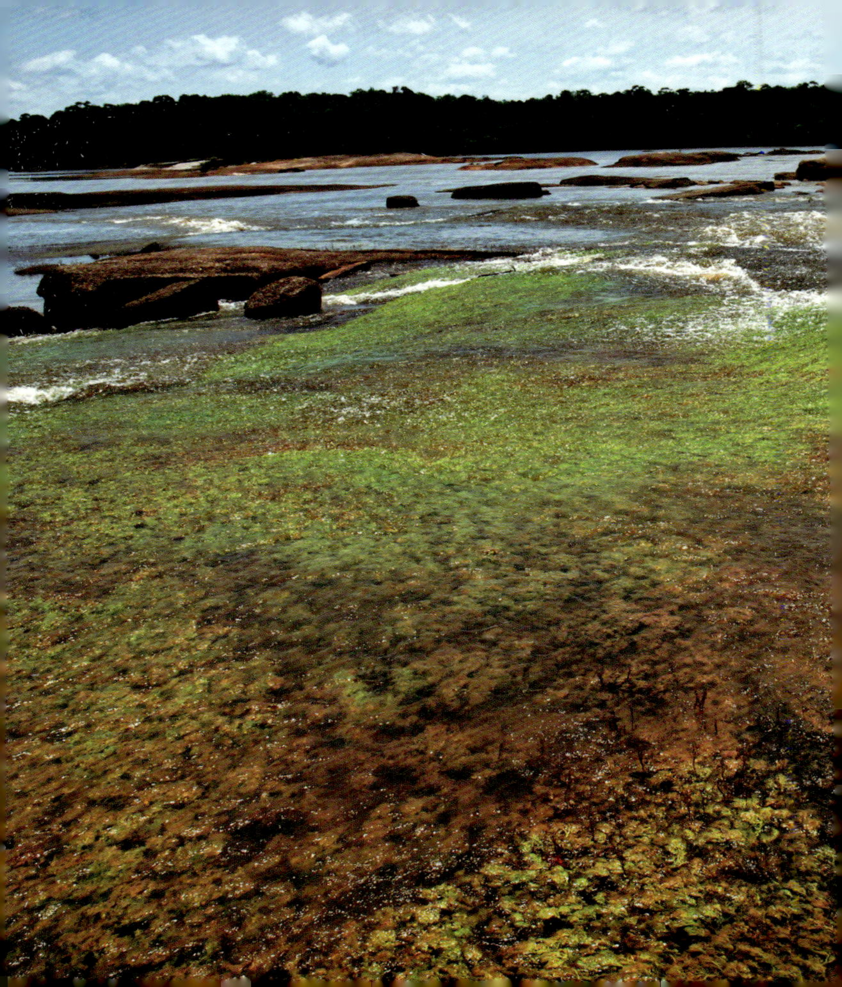

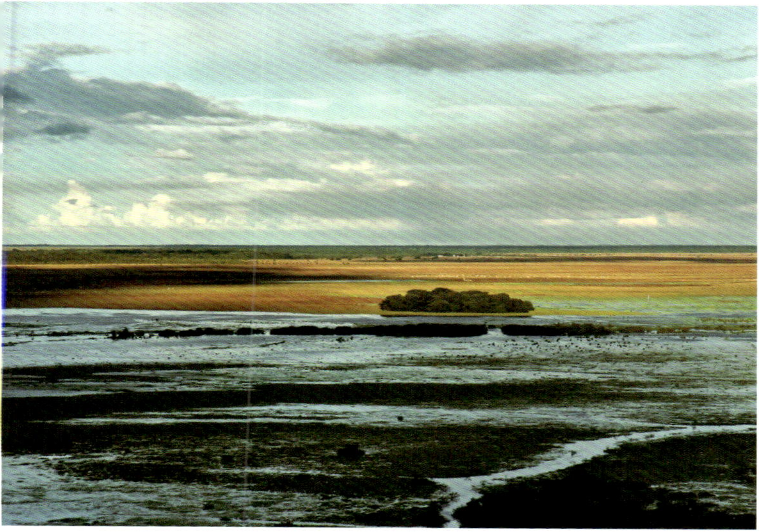

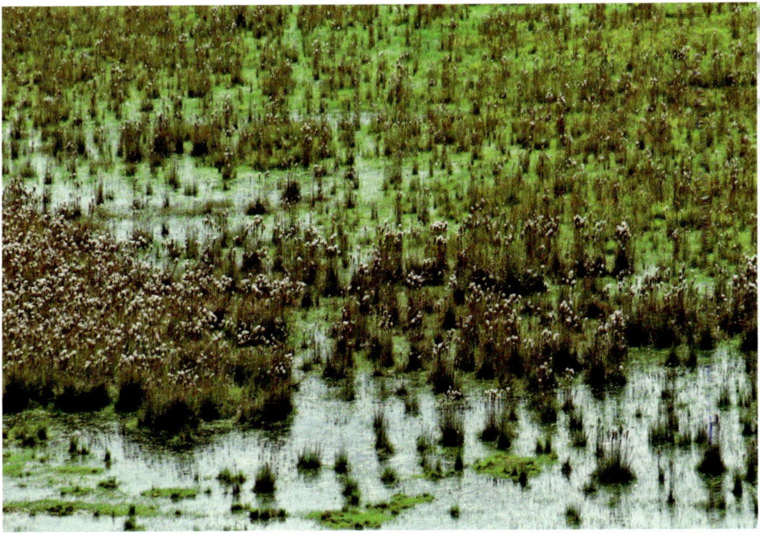

"Oíd el canto dulce de las tierras de nadie.
Tanta belleza es cierta, viva, sensual, sencilla;". [4]

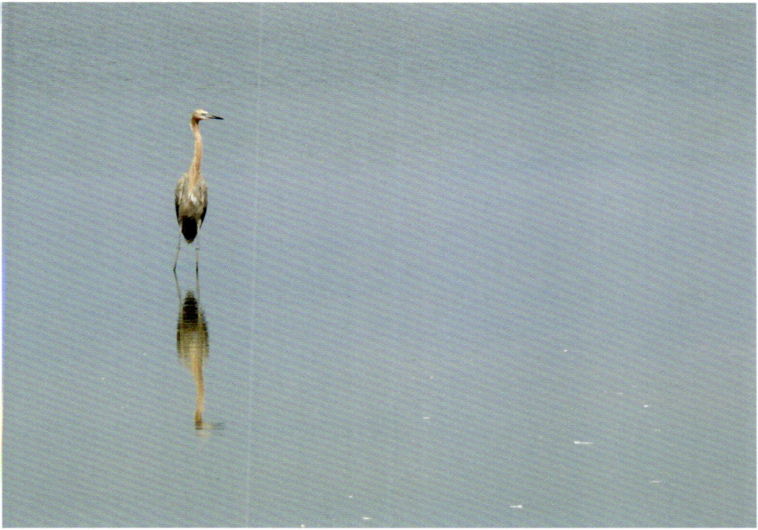

"Hear the sweet song of the lands of nobody.
So much beauty is true, alive, sensual, simple";[3]

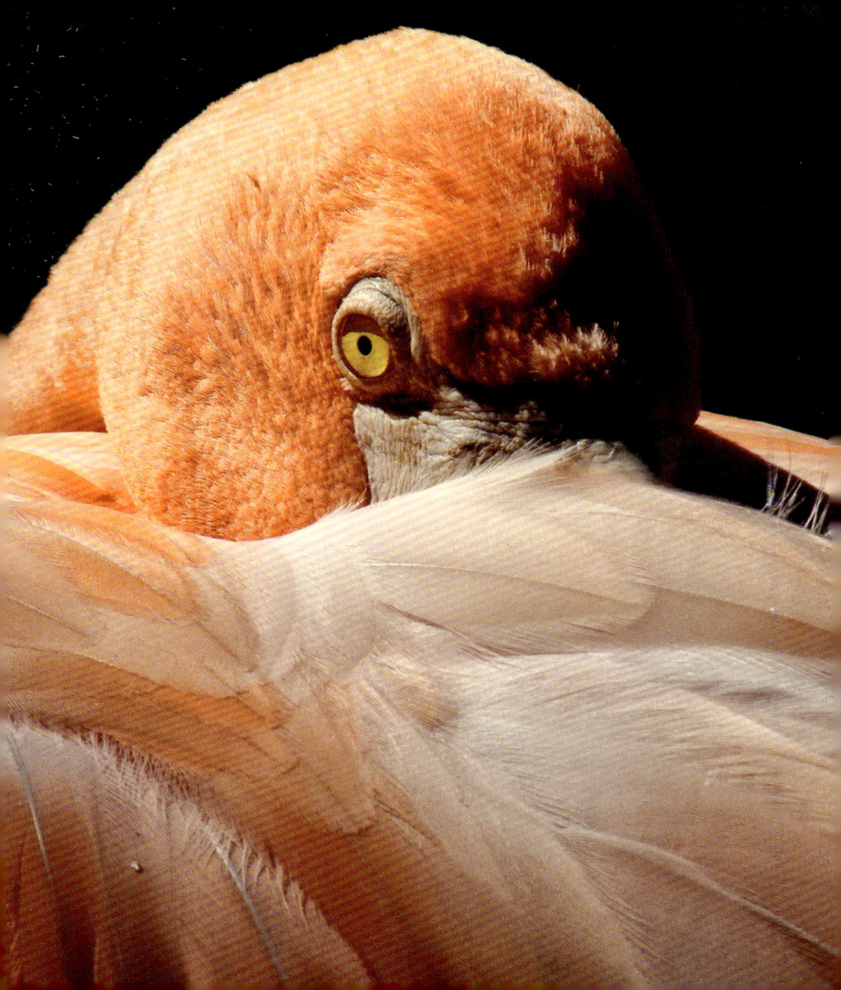

Entre luces

Al llegar a lo profundo de este sueño llamado Colombia, millones de luces titilan en el atardecer; destellos de colores y figuras inquietas se insinúan entre la penumbra y surgen formas que sorprenden e hipnotizan. El paso del agua y la espuma en la arena, los vestigios del tiempo en las rocas, las texturas que guardan el secreto de los rincones escondidos, todo revela el paso de la vida que crece entre las grietas, las hojas, las ramas y se pierde en el horizonte infinito de montañas y sabanas.

Amidst the Lights

As we penetrate the very depths of this dream called Colombia, millions of lights flicker in the dusk; flashes of colour and restless figures are glimpsed in the half-light and forms rise up that surprise and hypnotise. Water and foam trickling through the sand, the remains of time in the rocks, the textures that conceal the secrets of hidden corners, everything shows how life goes on, life that grows in the cracks, on the leaves and on the branches, before losing itself in the infinite horizon of mountains and grasslands.

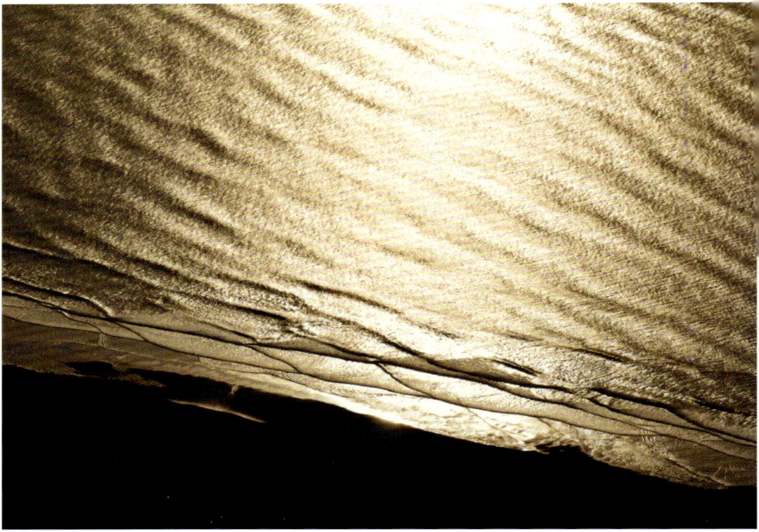

"Si yo cantara mi país un día,
mi amigo el sol vendría a ayudarme
con el viento dorado de los días inmensos
y el antiguo rumor de los árboles".[5]

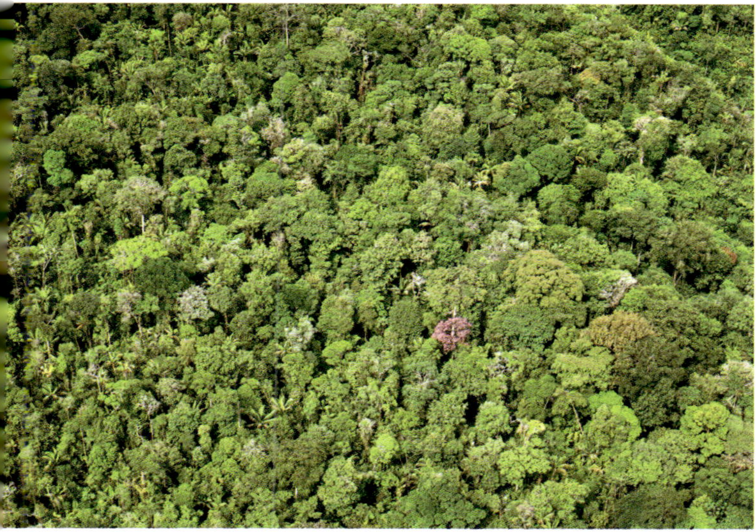

"If I were to sing one day of my country,
my friend the sun would come and help me,
with the golden wind of the immense days
and the ancient murmur of the trees."

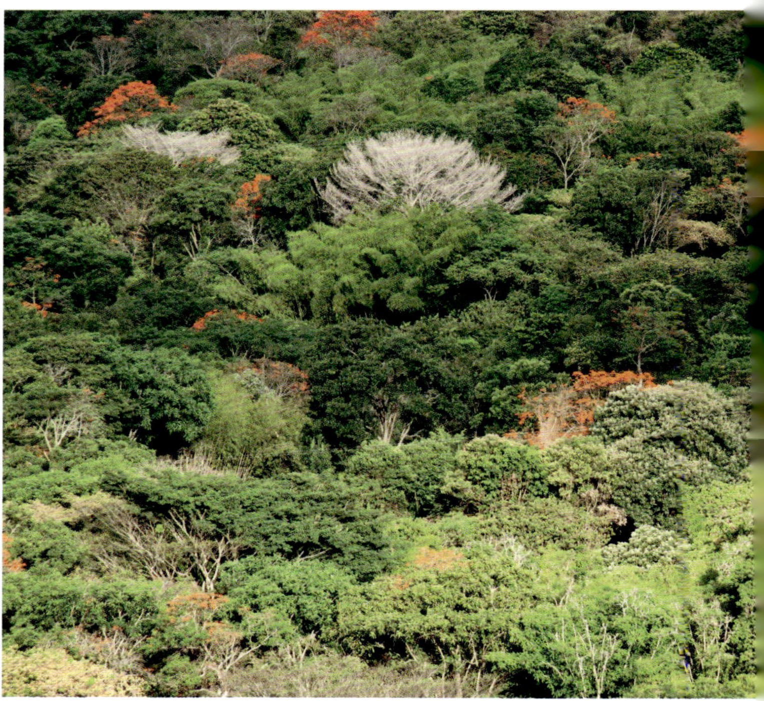

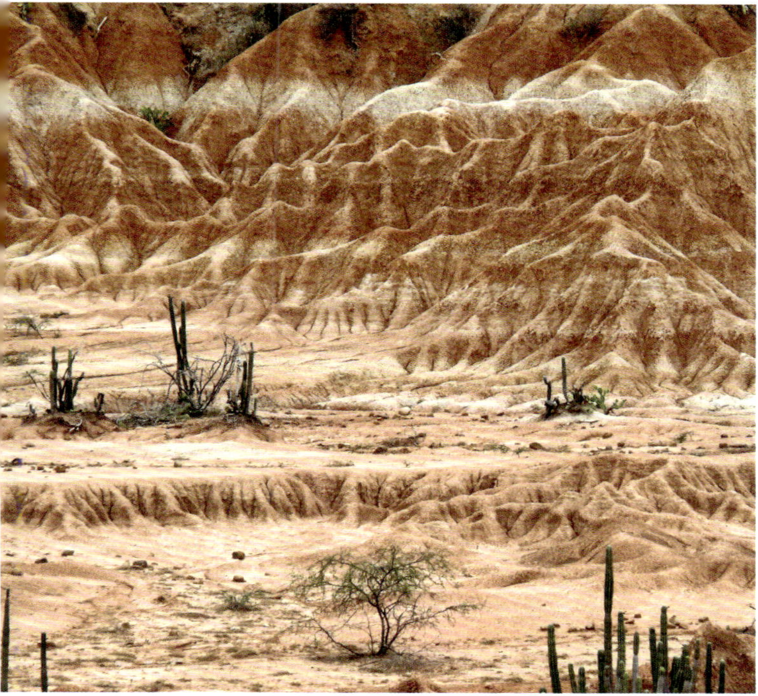

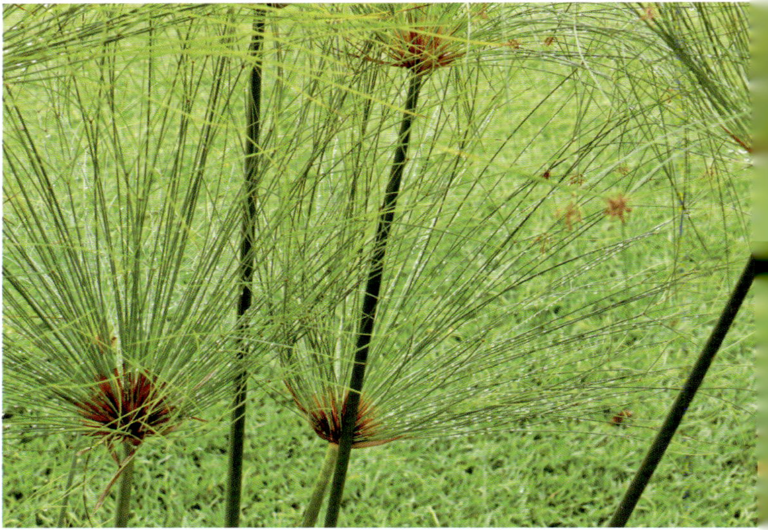

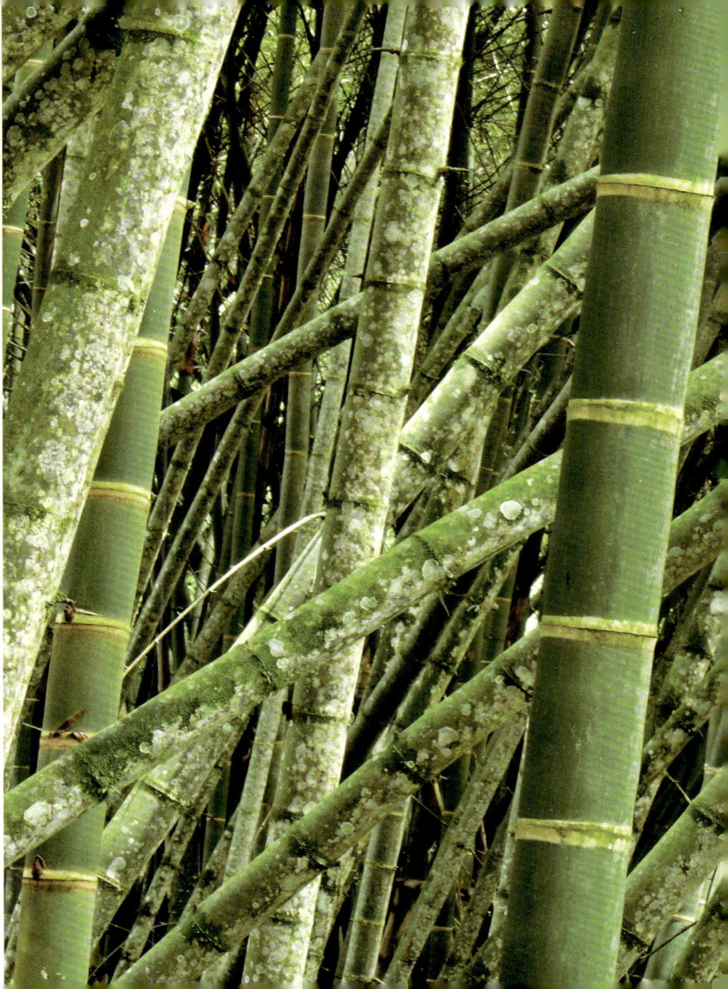

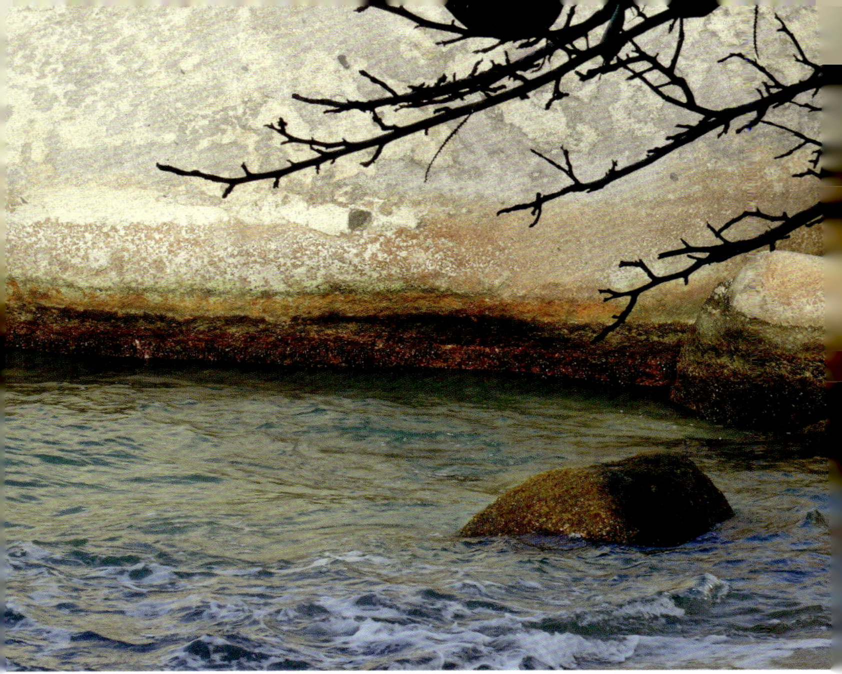

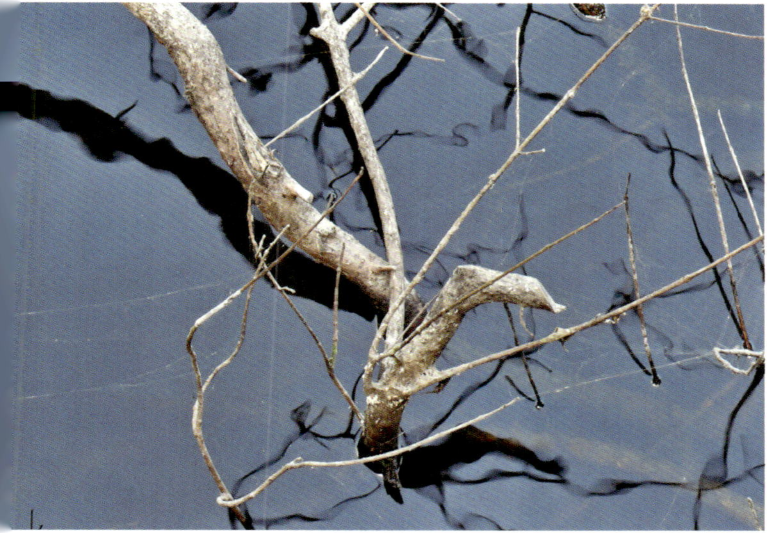

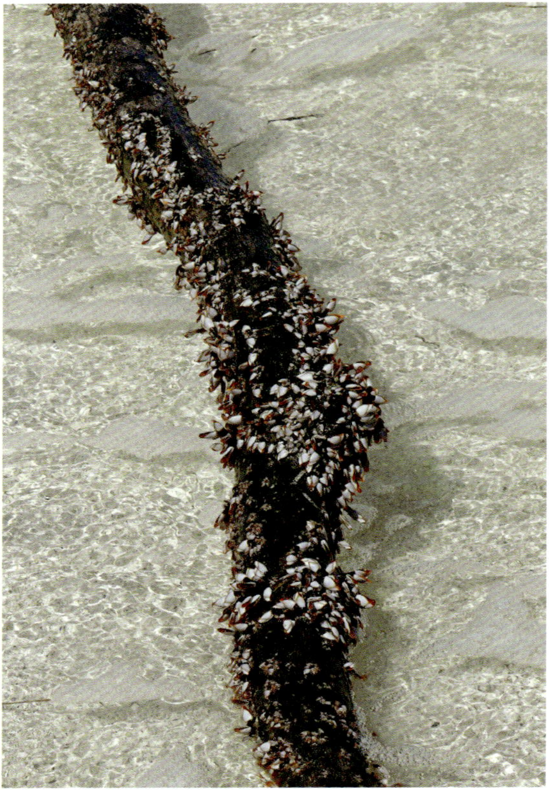

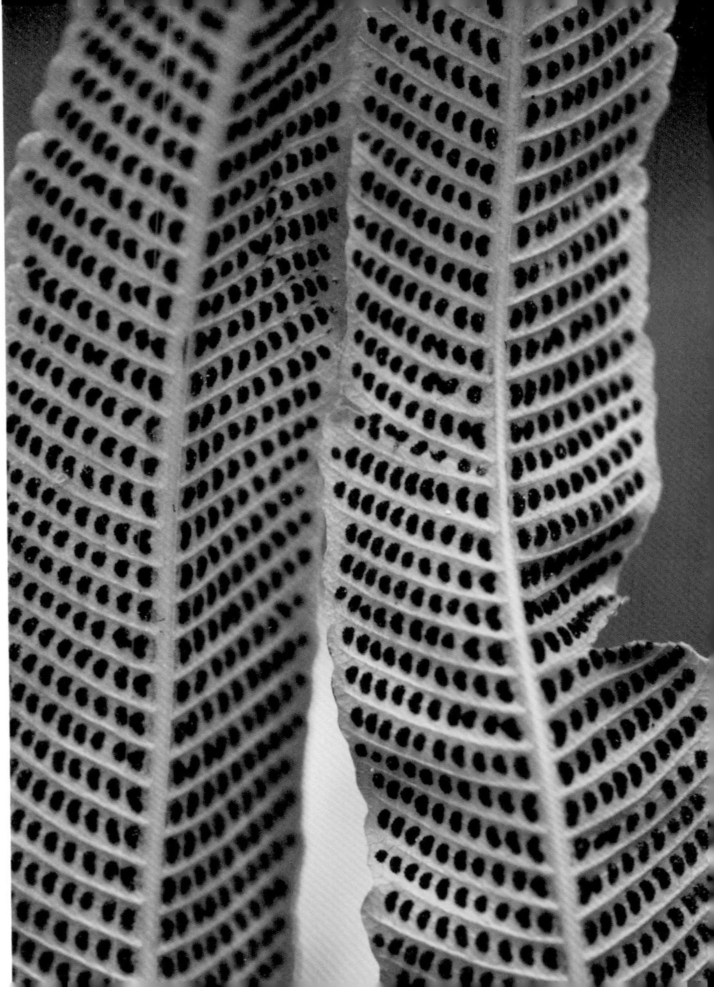

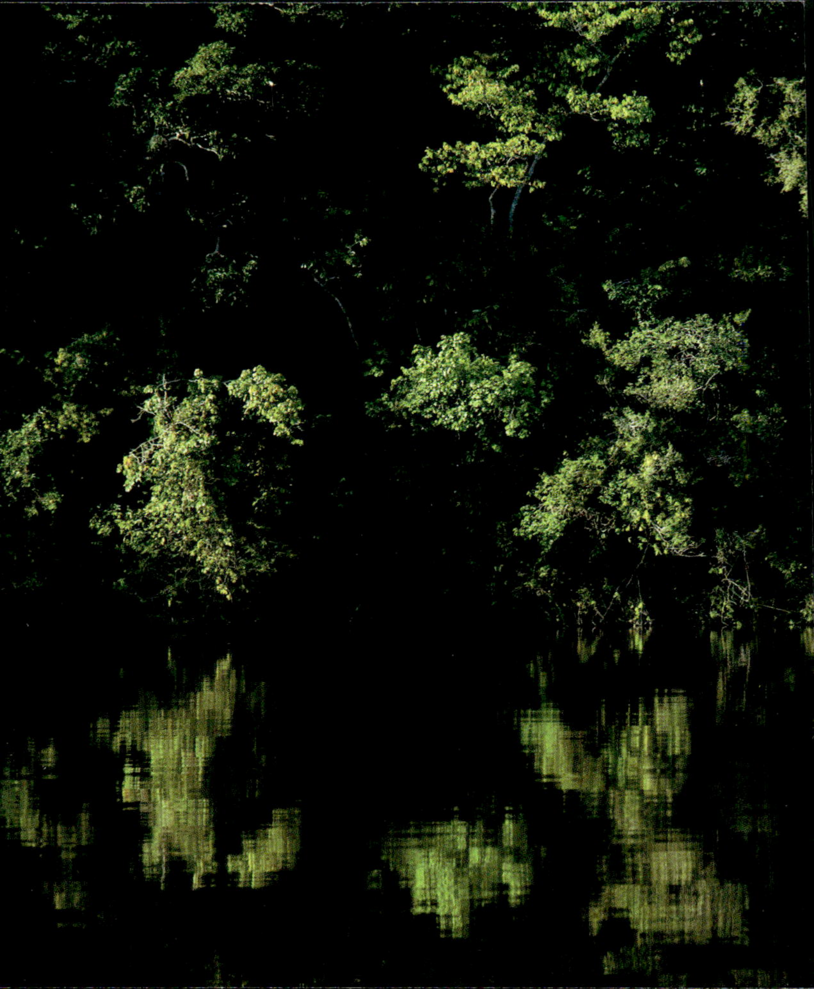

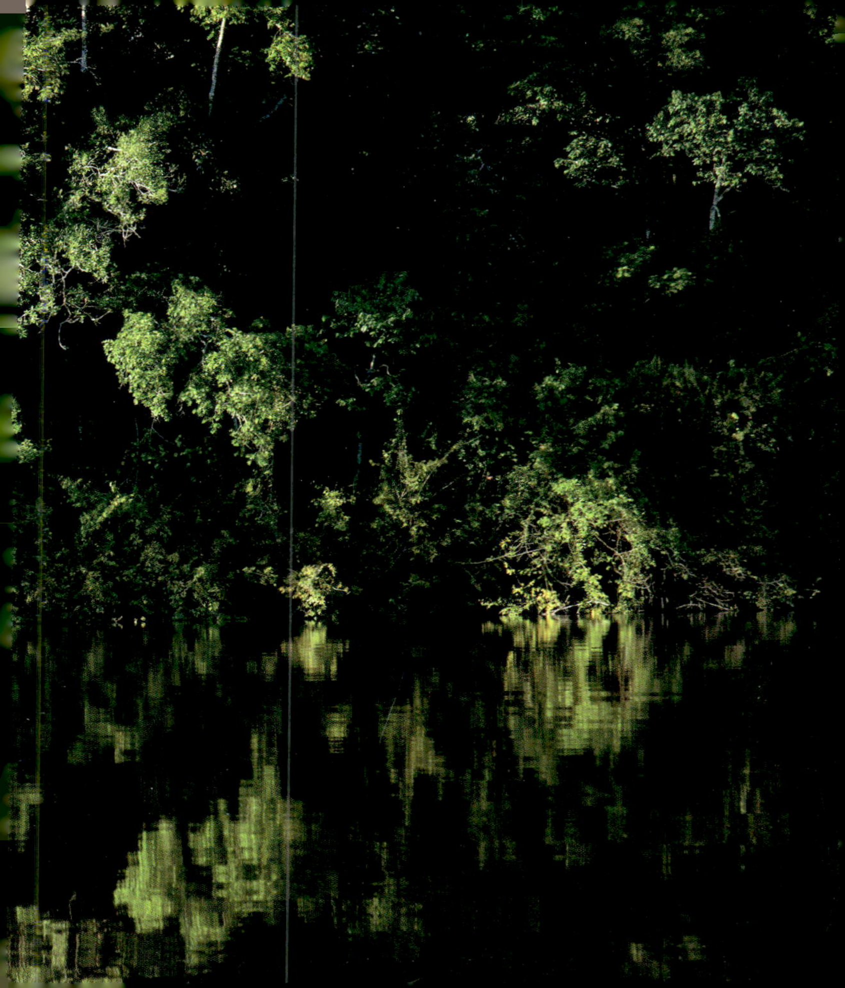

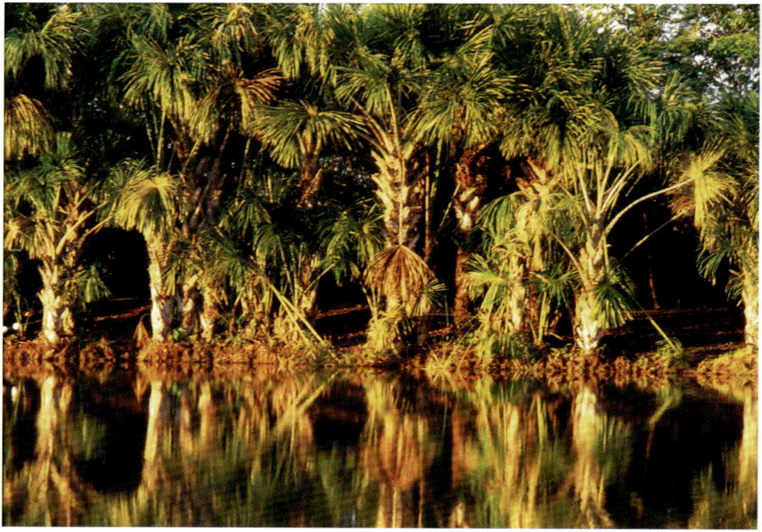

"Aquí aprendí a amar los sueños –los dulces sueños–
sobre todas las cosas de la tierra.
Ésta es la tierra oscura que ama mi corazón.
Ésta es la tierra en que quiero morir,
bajo la espada del sol que todo lo bendice".[6]

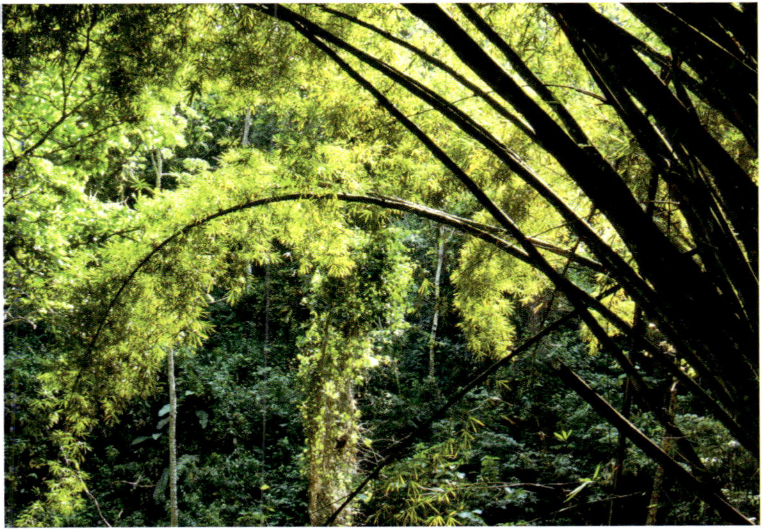

"Here I learned to love the dreams – the sweet dreams
of everything to do with the land.
This is the dark land that my heart loves.
This is the land where I want to die,
beneath the sword of the sun that blesses everything."[16]

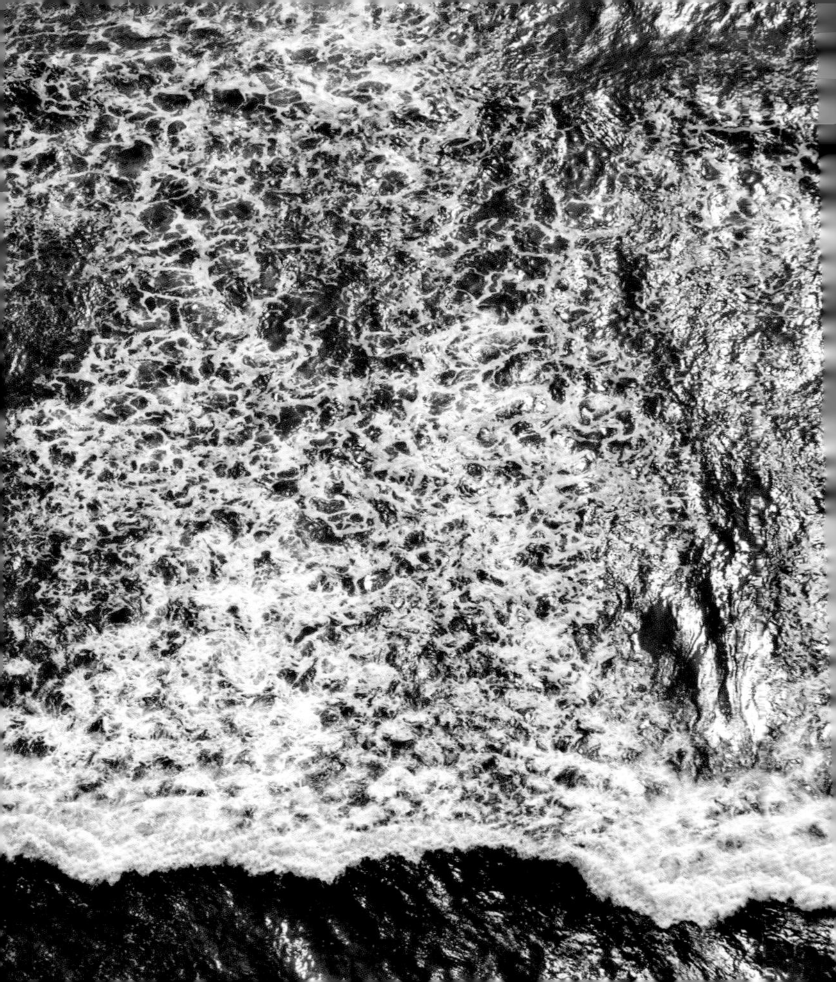

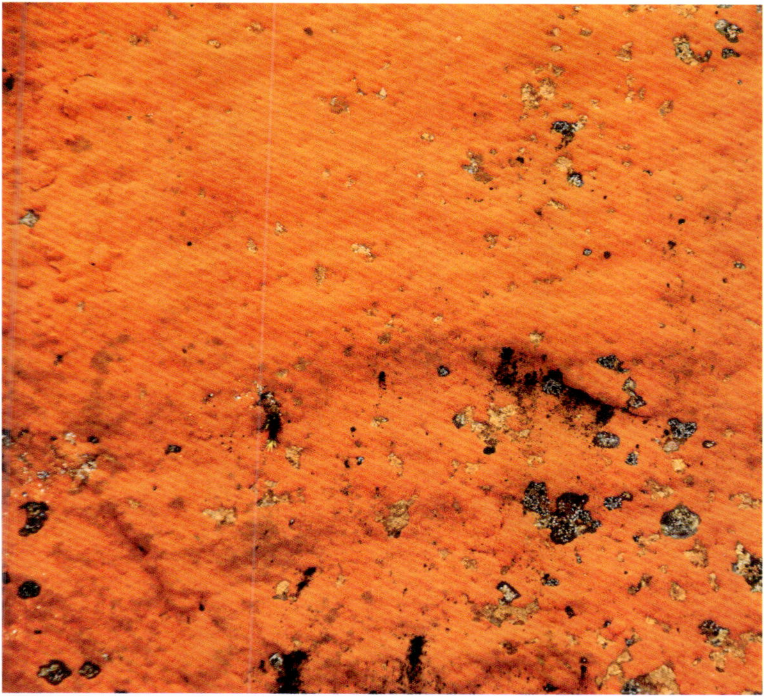

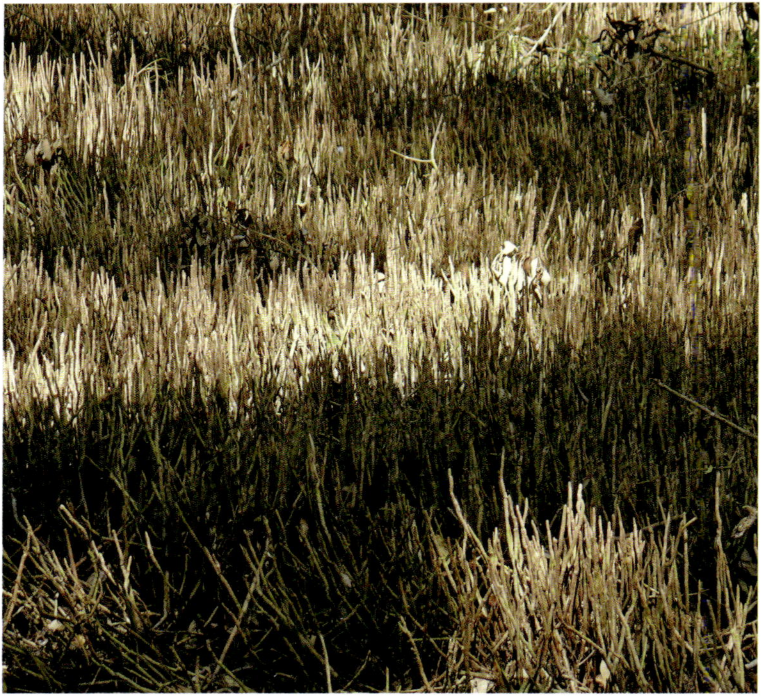

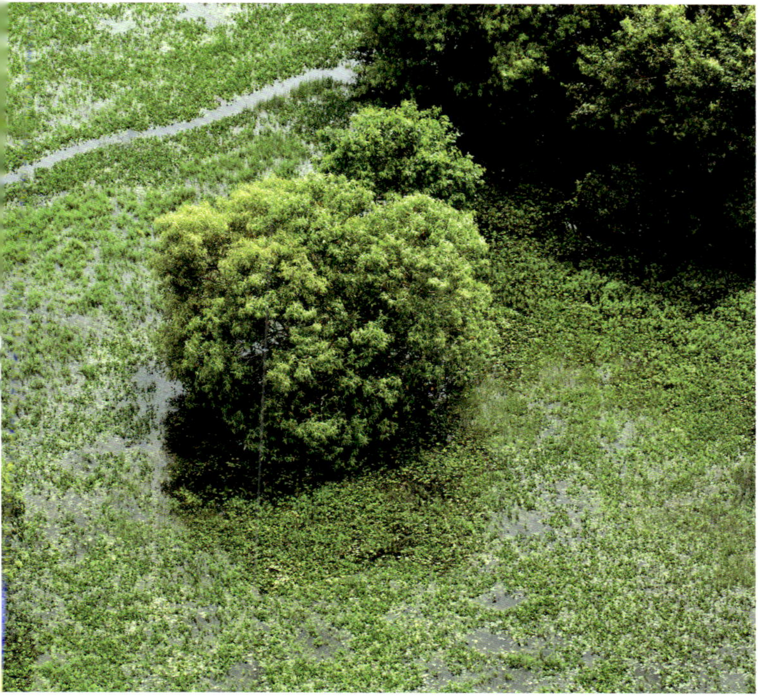

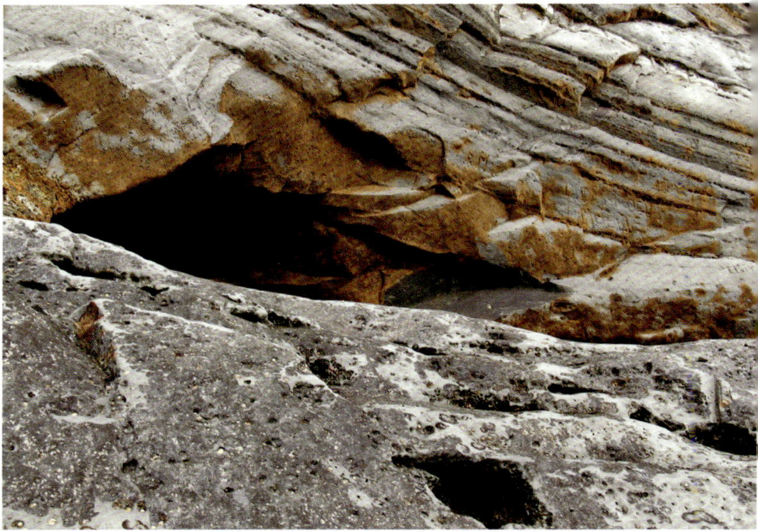

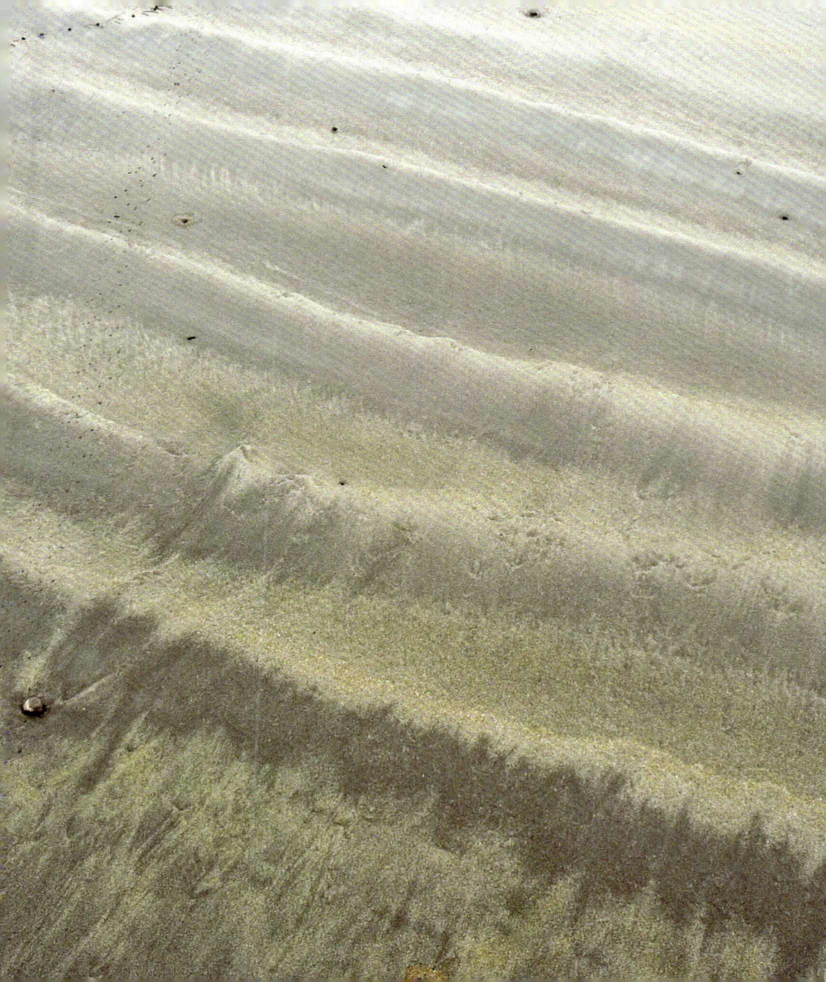

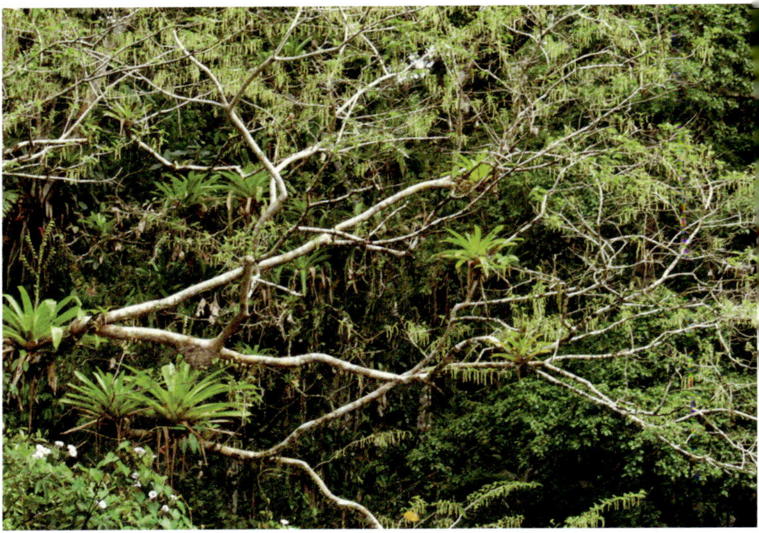

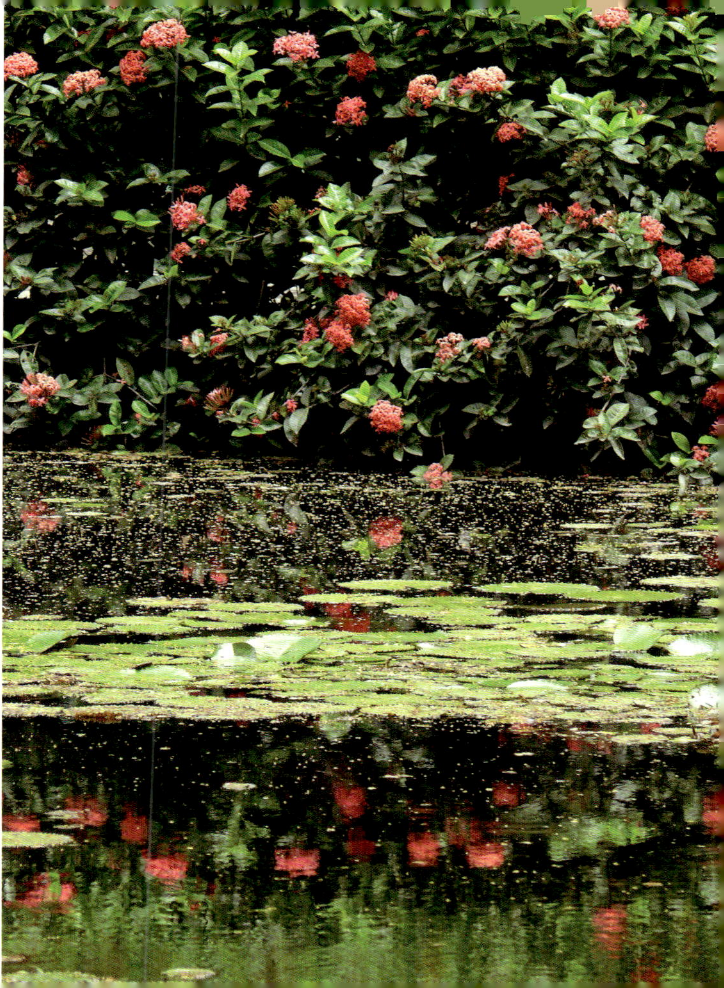

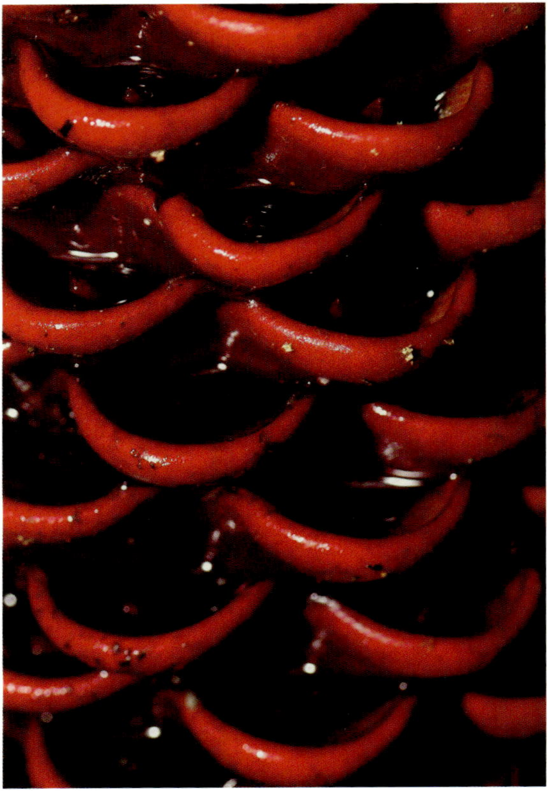

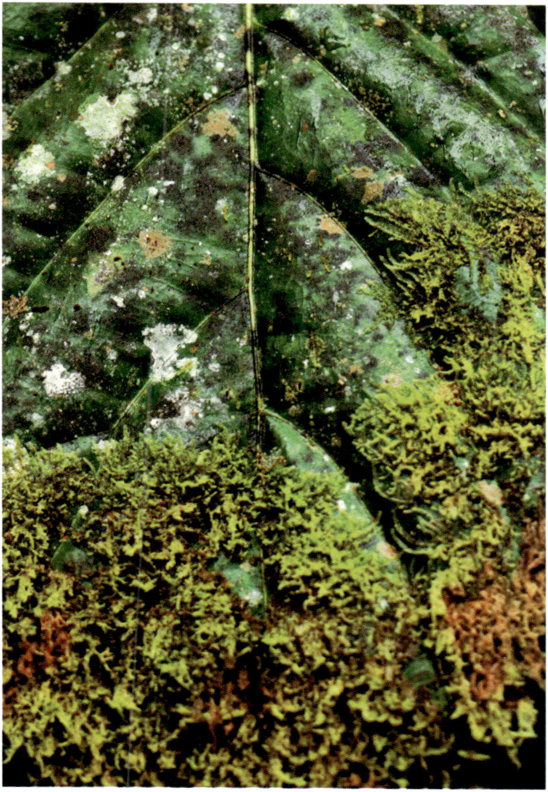

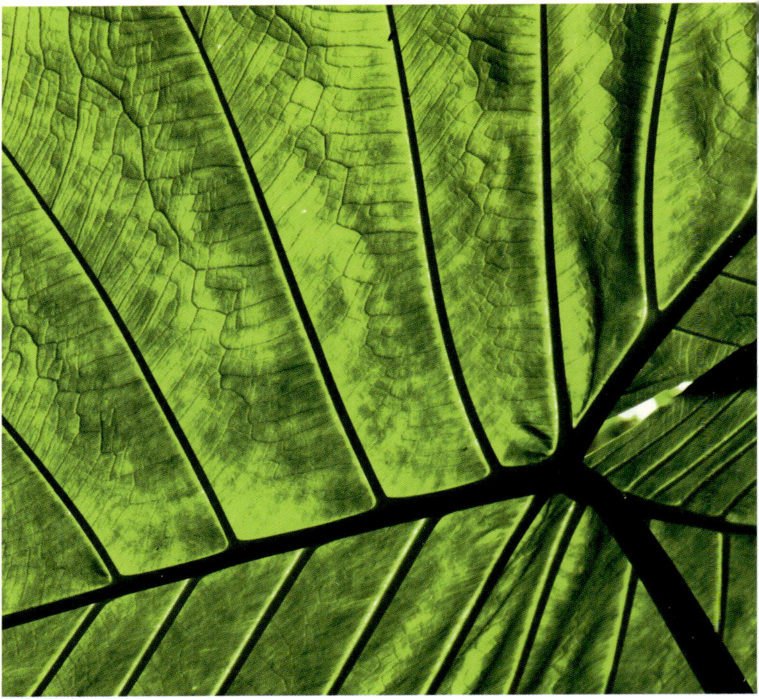

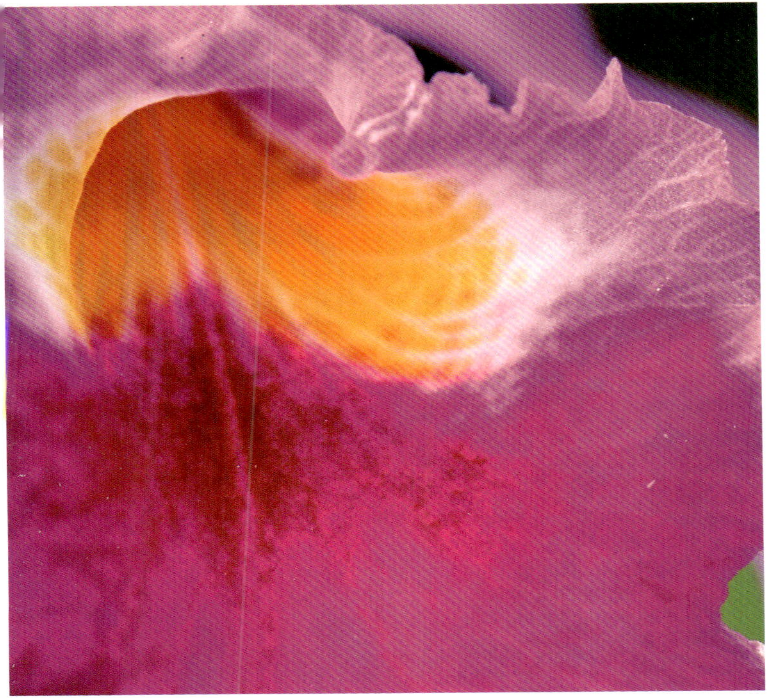

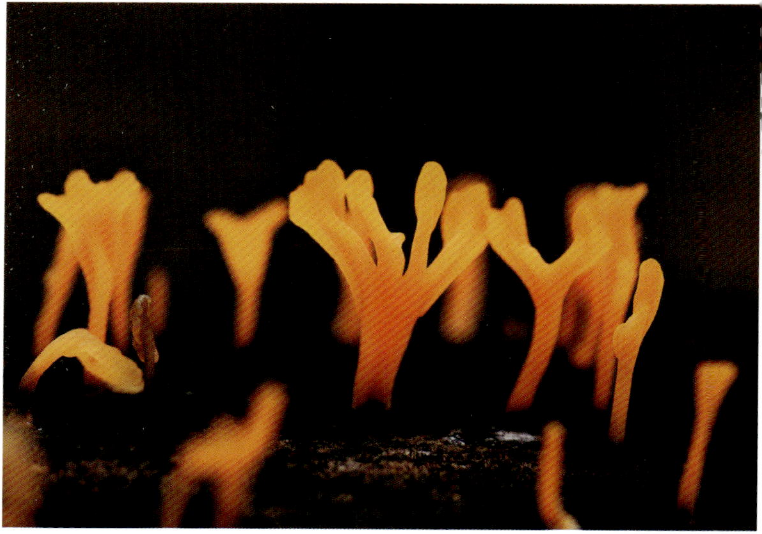

"... te hablo de un bosque extasiado que existe sólo para el oído, y que en el fondo de las noches pulsa violas, arpas, laúdes y lluvias sempiternas".[7]

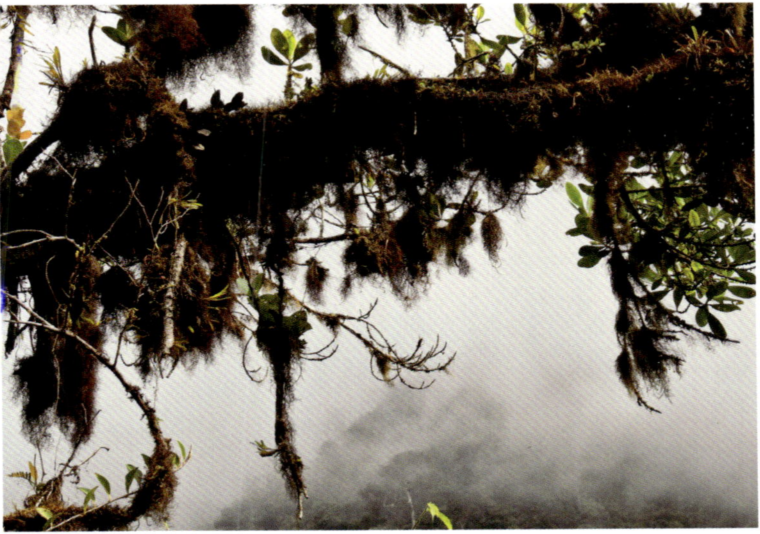

*"- I'm telling you of an enraptured wood that exists only for the ear; where in the depth of the night can be heard
the sounds of violas, harps, lutes, and eternal rains."*[7]

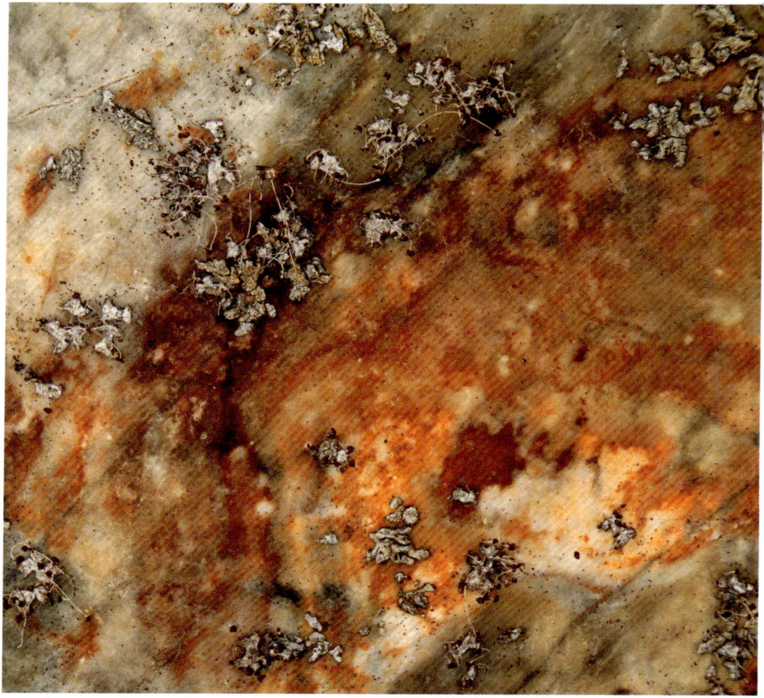

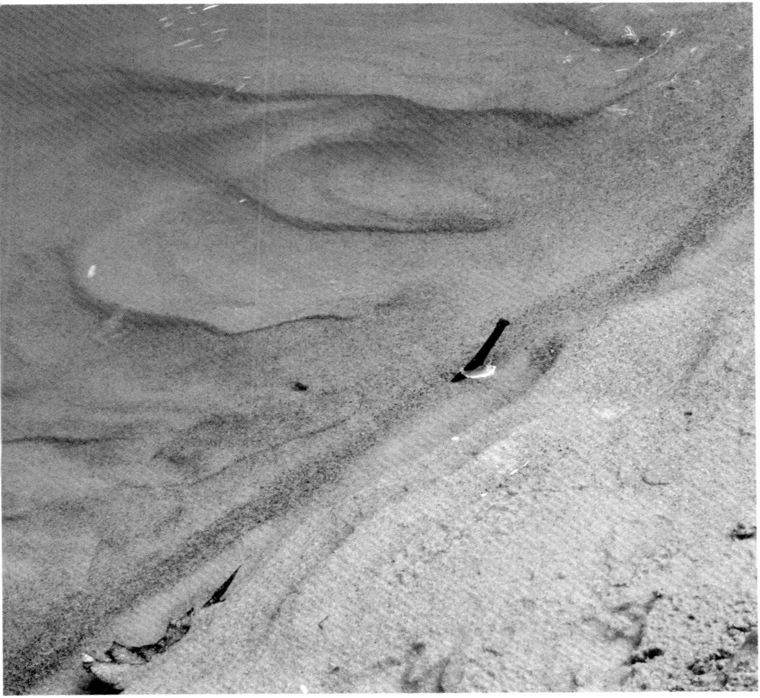

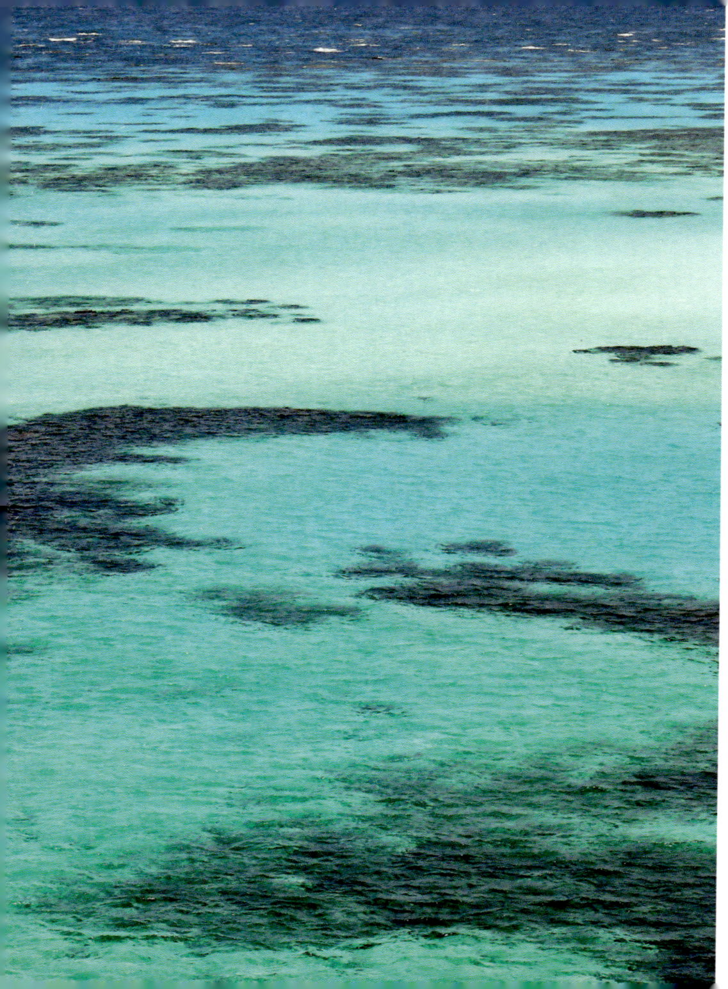

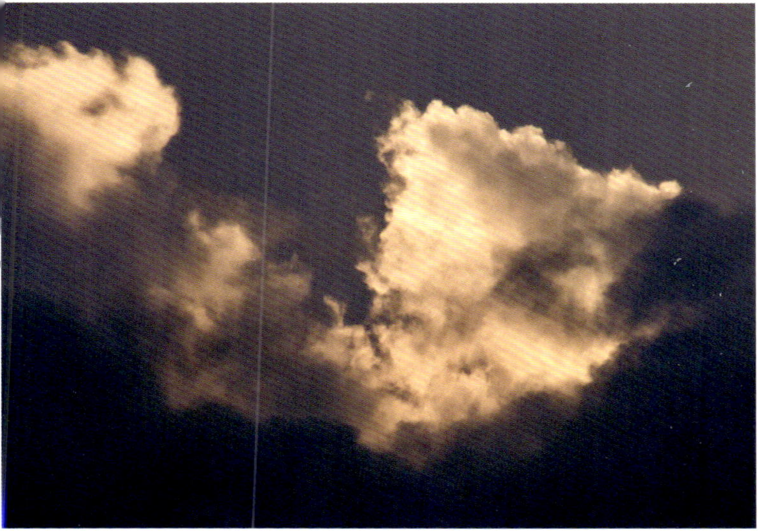

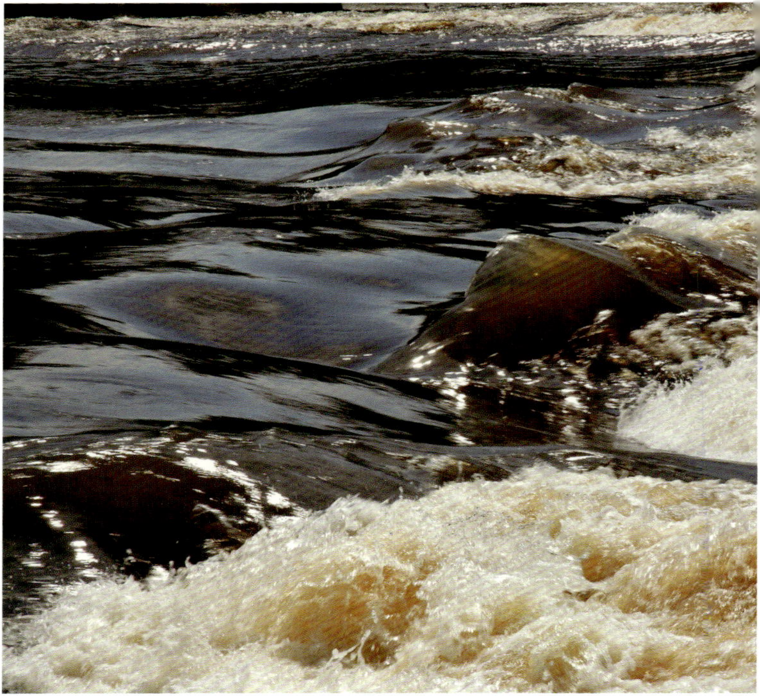

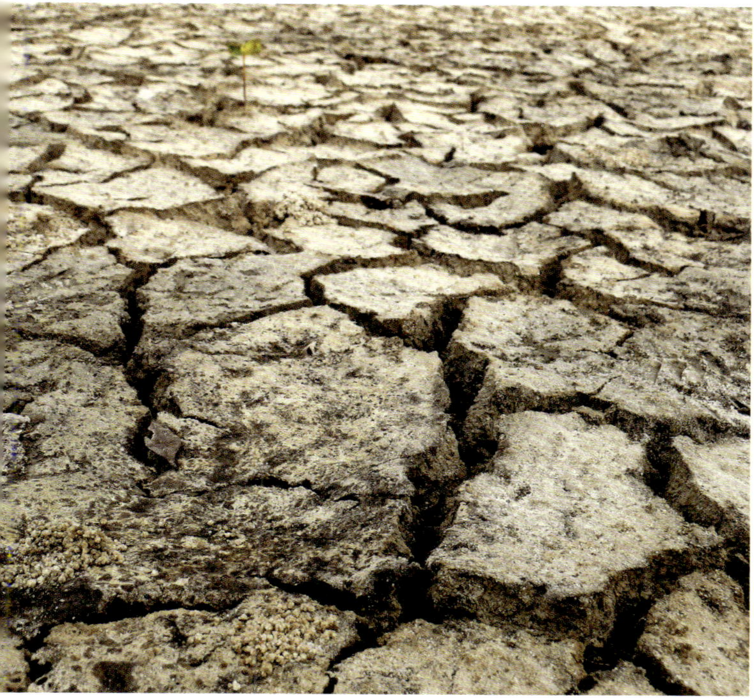

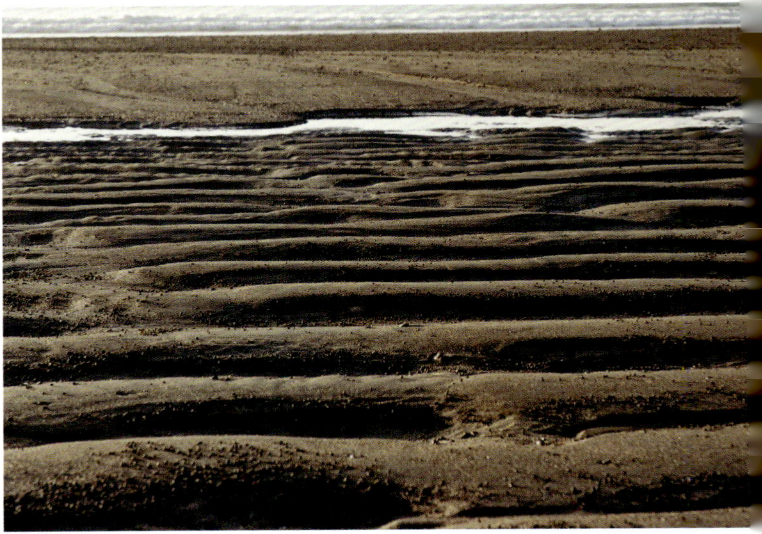

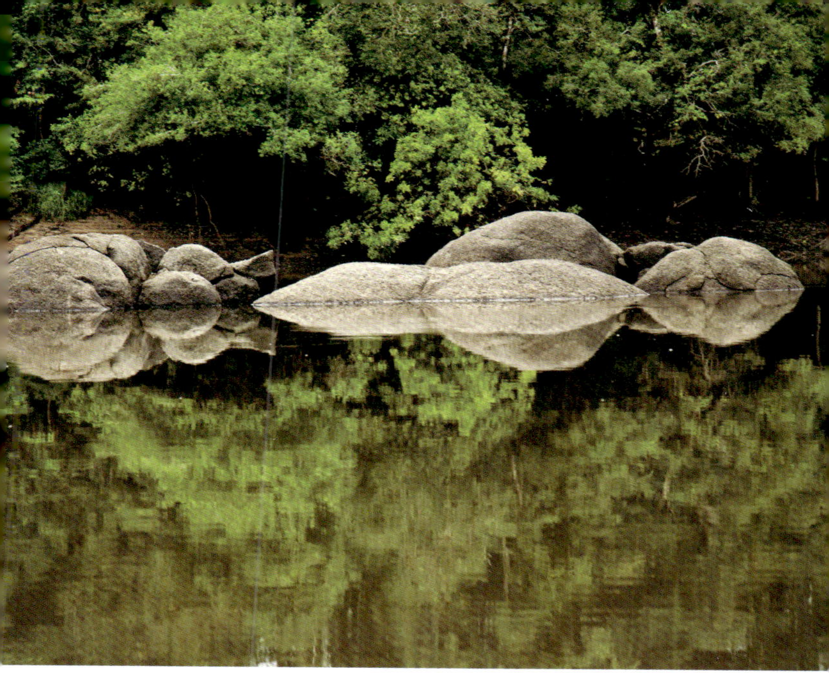

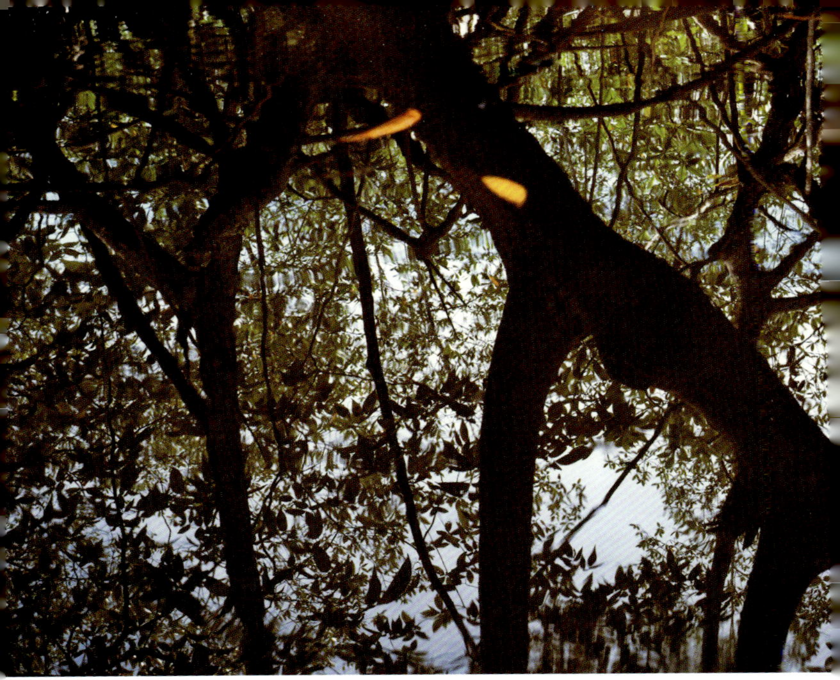

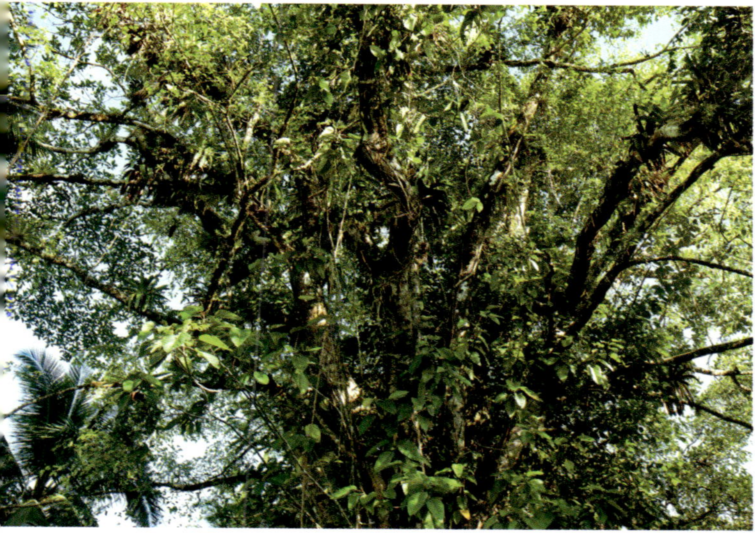

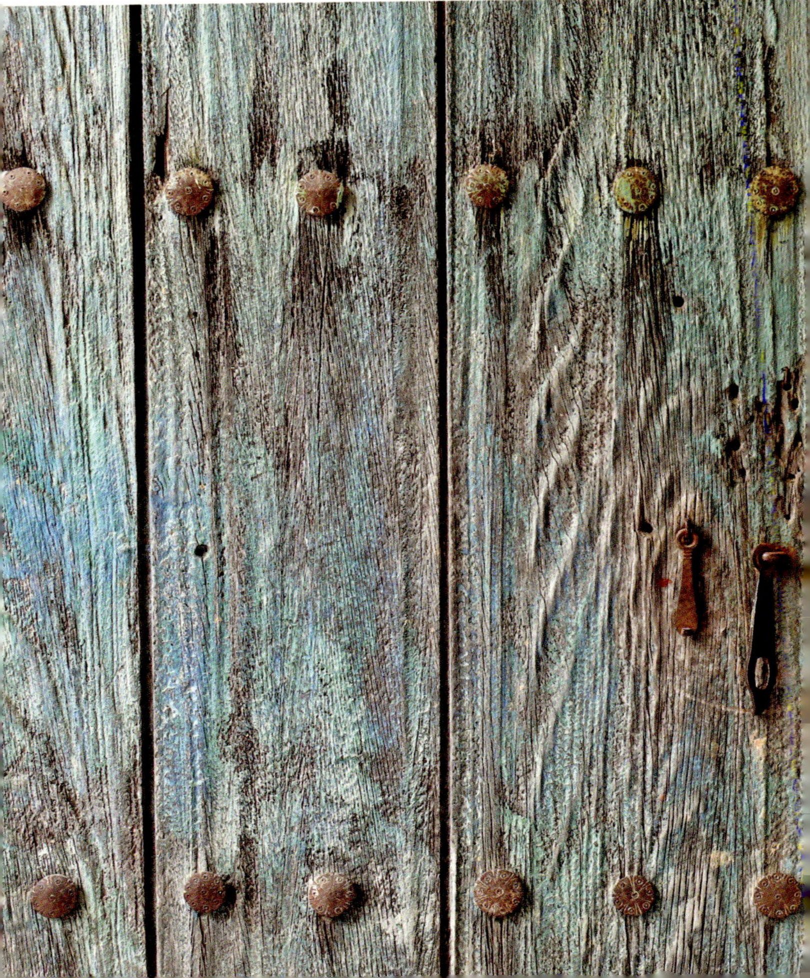

La magia de lo real

Cuando nos adentramos en los fragmentos de este sueño, estar dentro o afuera se convierte en lo mismo. Lo que parecía real ya no lo es... Las ventanas pueden abrir nuestra imaginación a un mundo nuevo, o llevarnos a la intimidad de los interiores; realidades paralelas sobre las que nos deslizamos. Entonces navegamos entre campiñas, recorriendo los caminos que han trazado los hombres y los años. Distintas criaturas protagonizan las historias que conforman cada sueño y cobran vida ante nuestros ojos incrédulos.

The Magic of Reality

When we delve into the fragments of this dream, being on the inside or the outside becomes one and the same thing. What seemed real no longer is... Windows can open our mind to a new world or lead us into the intimacies of the interiors; parallel realities that we glide along. Then, we sail through different landscapes, retracing the paths made by man and the years. All kinds of creatures star in the stories that make up each dream, and come to life before our unbelieving eyes.

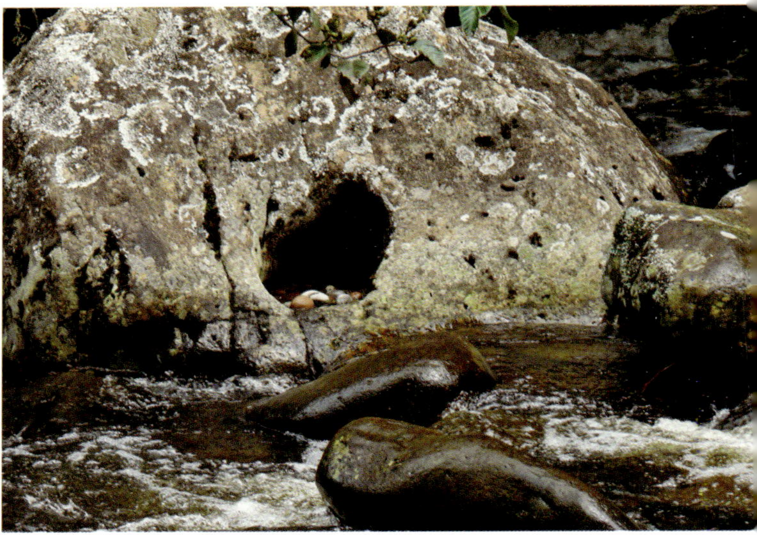

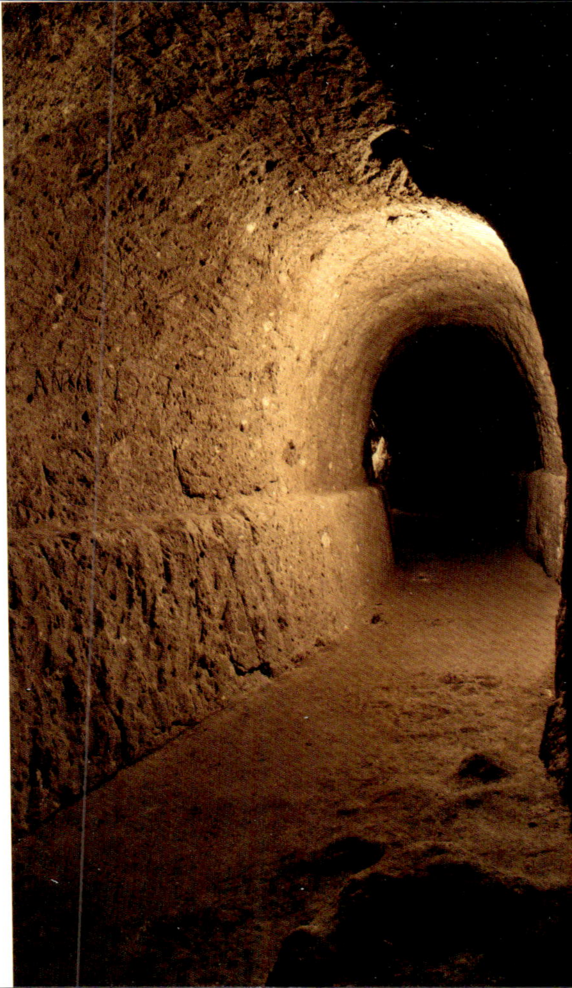

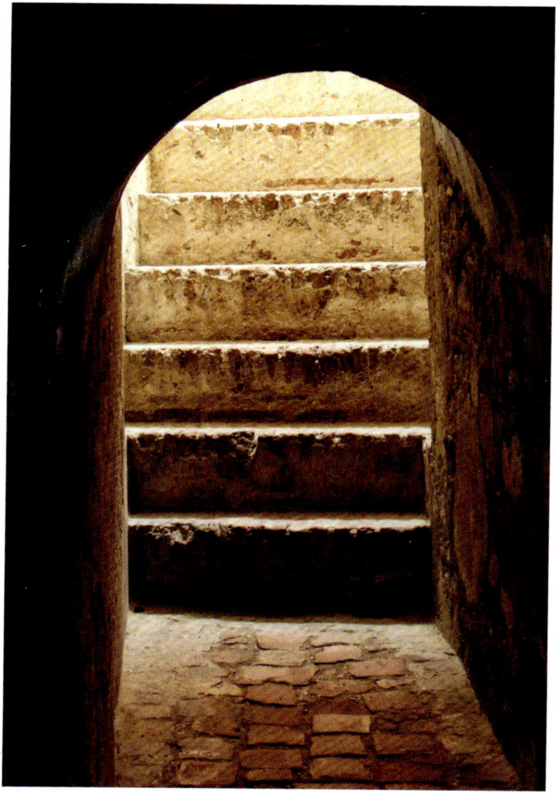

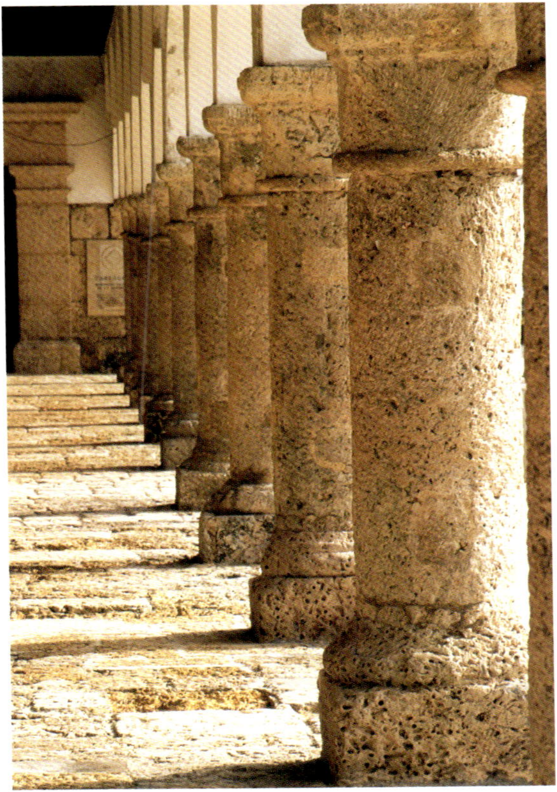

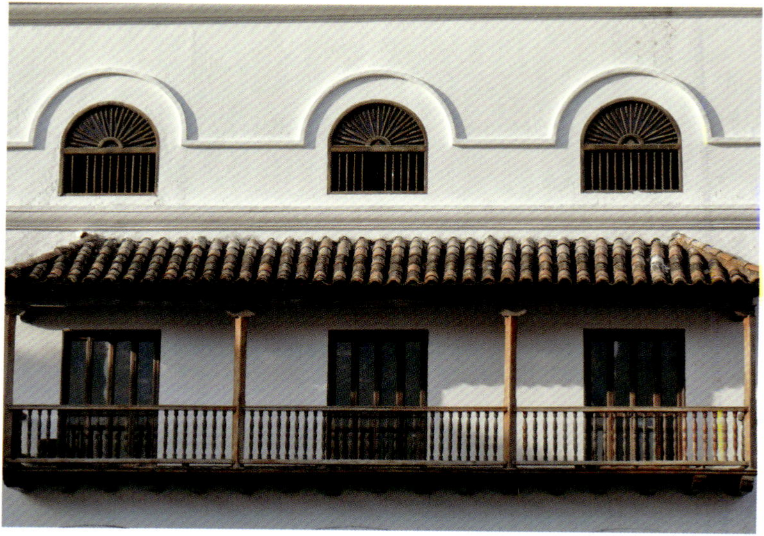

*"Al fin un día se harán tan espesos
que para siempre estaré emparedado
entre muros de insomne silencio".*[8]

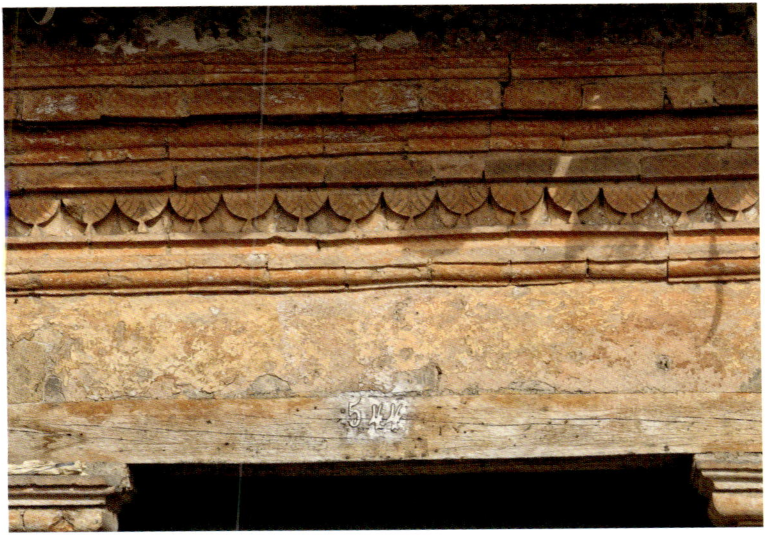

*"Finally one day they'll become so thick
that for ever I'll be hemmed in
between walls of sleepless silence."*

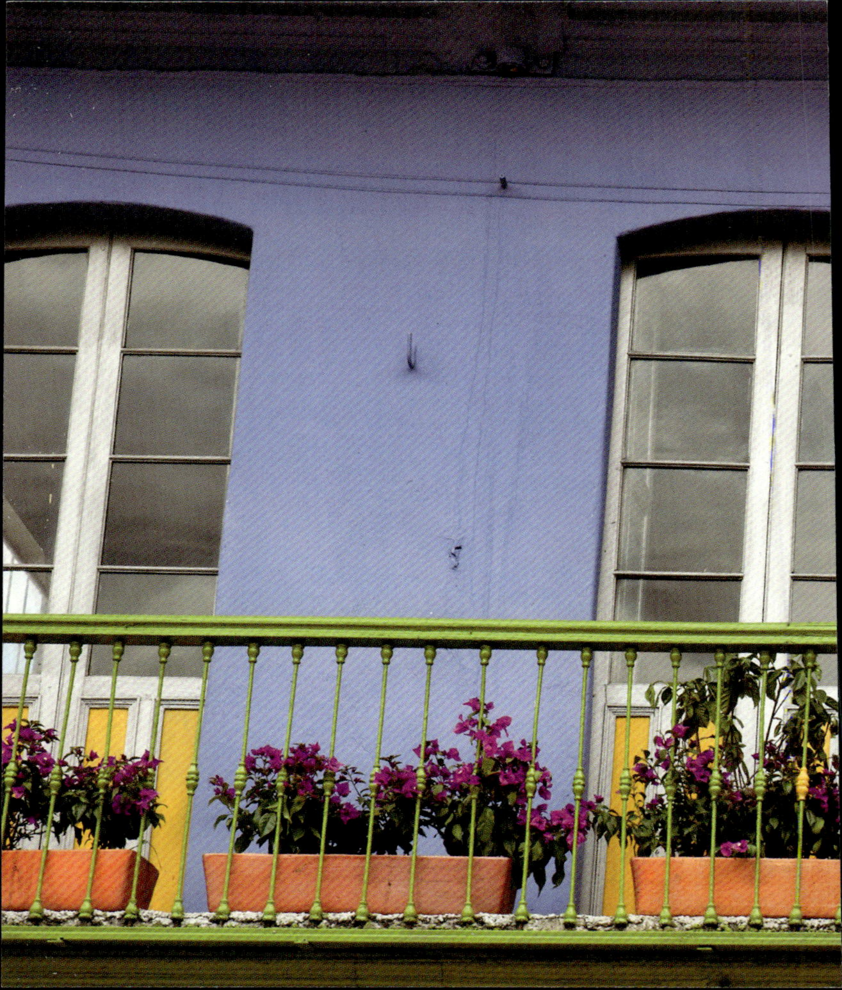

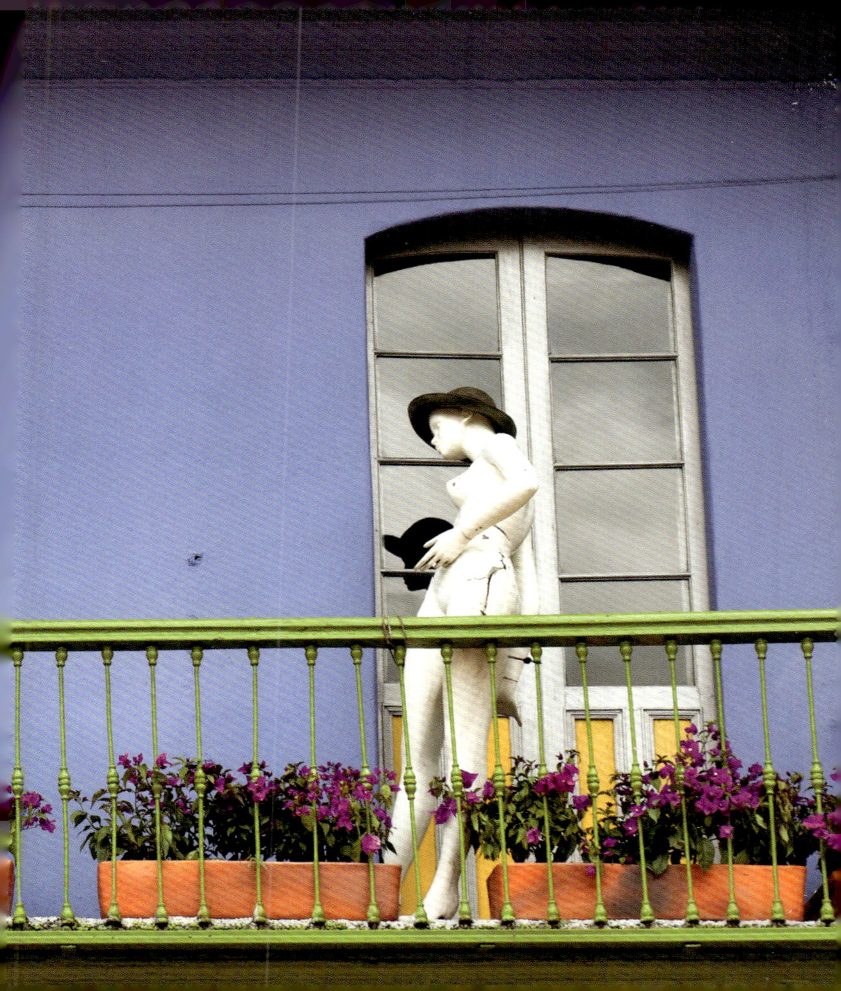

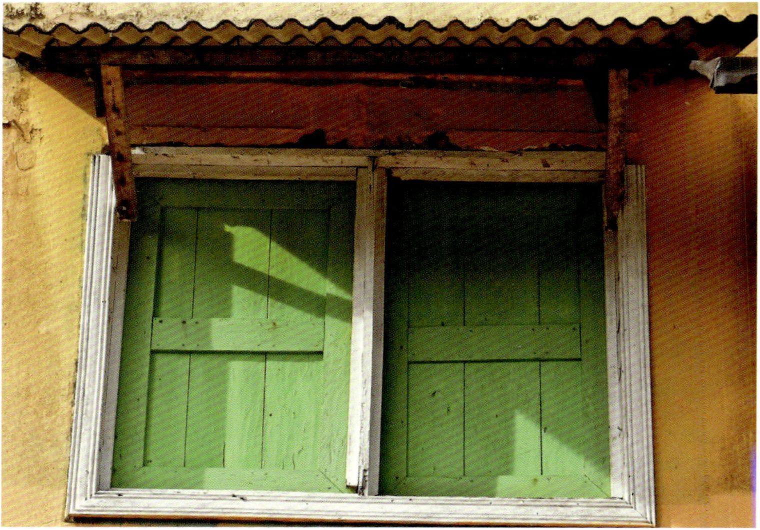

"El viento viene, viene vestido de follajes,
y se detiene y duda ante las puertas grandes,
abiertas a las salas, a los patios, las trojes".[9]

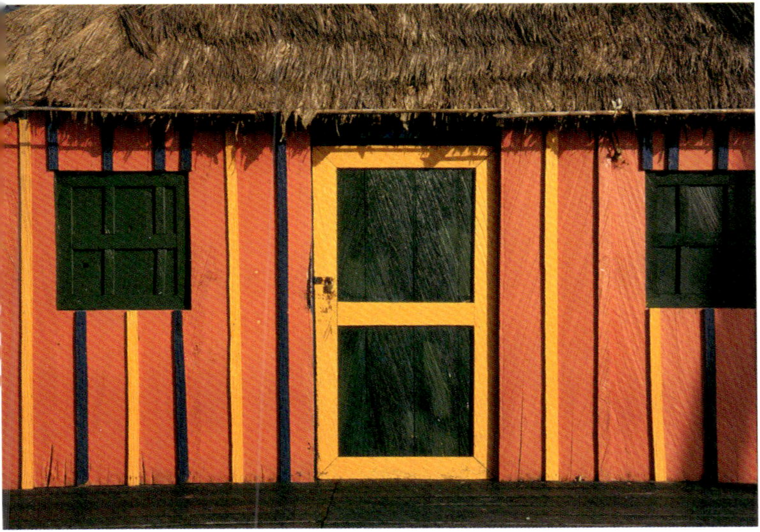

"The wind comes, it comes dressed in foliage,
and it stops and hesitates before the great gates,
open to the rooms, the yards, the barns."[7]

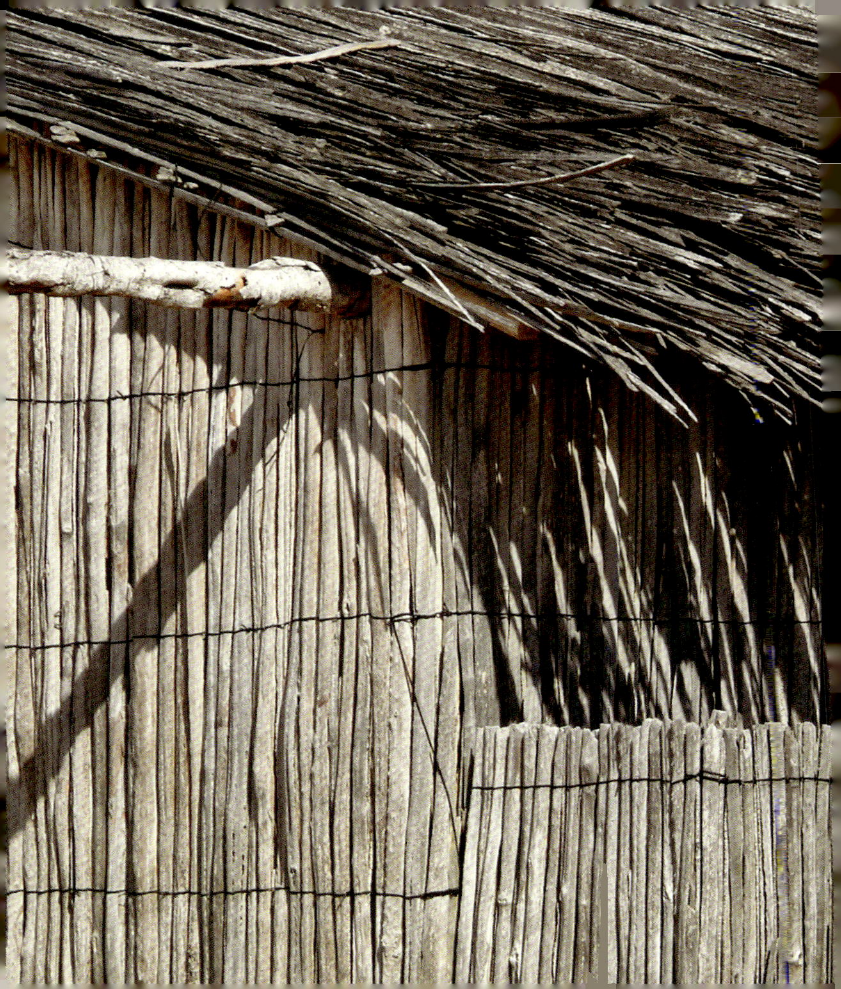

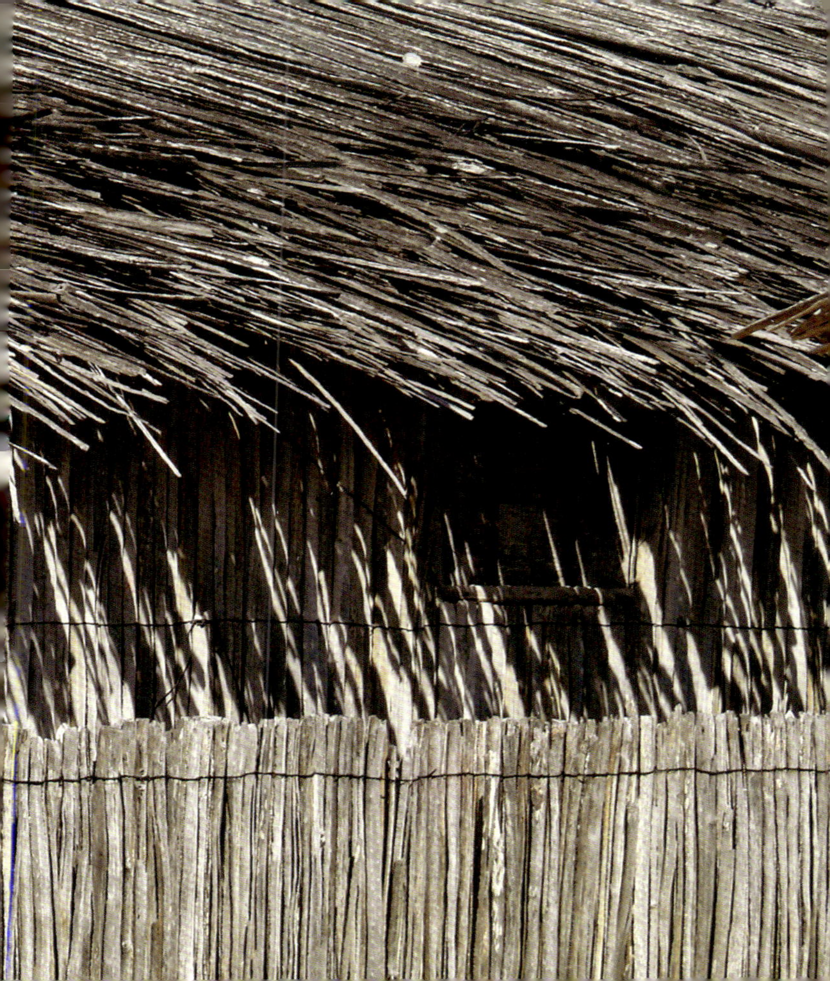

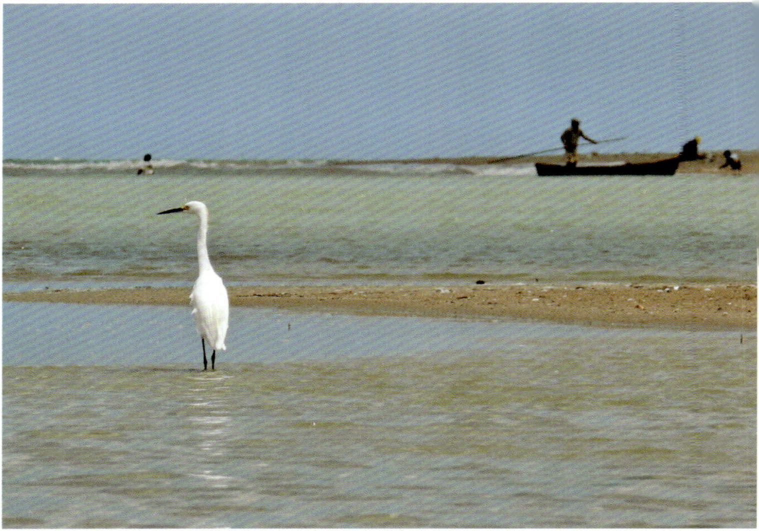

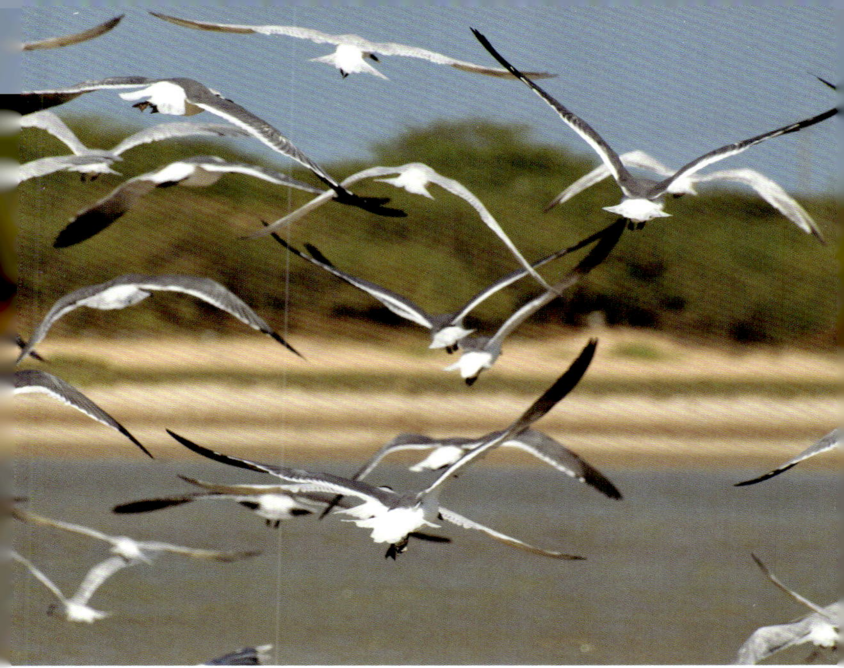

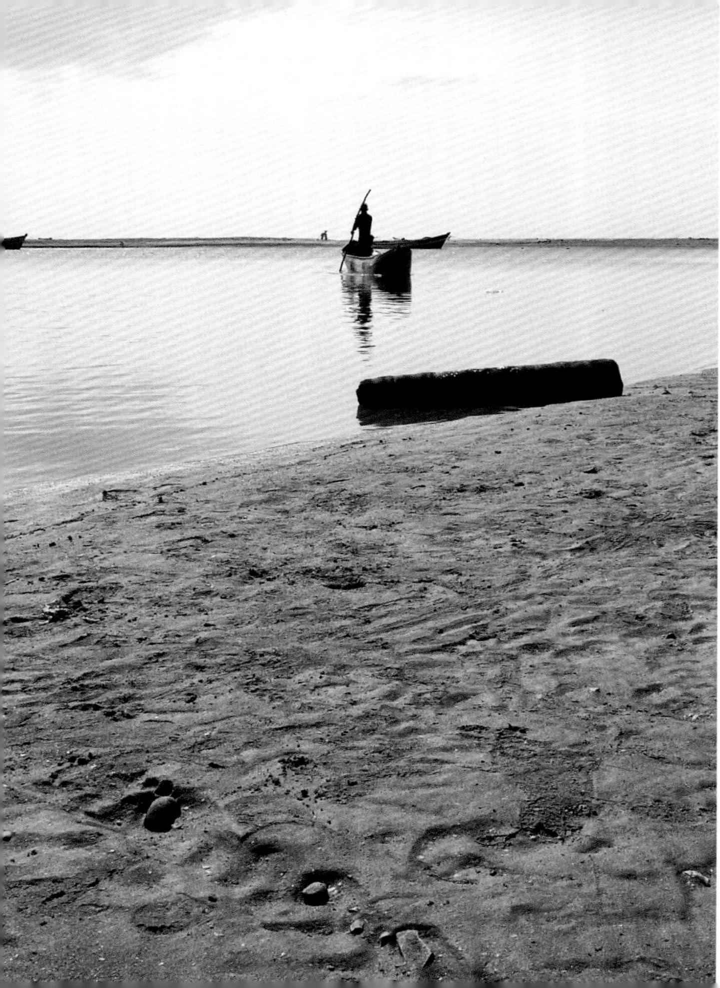

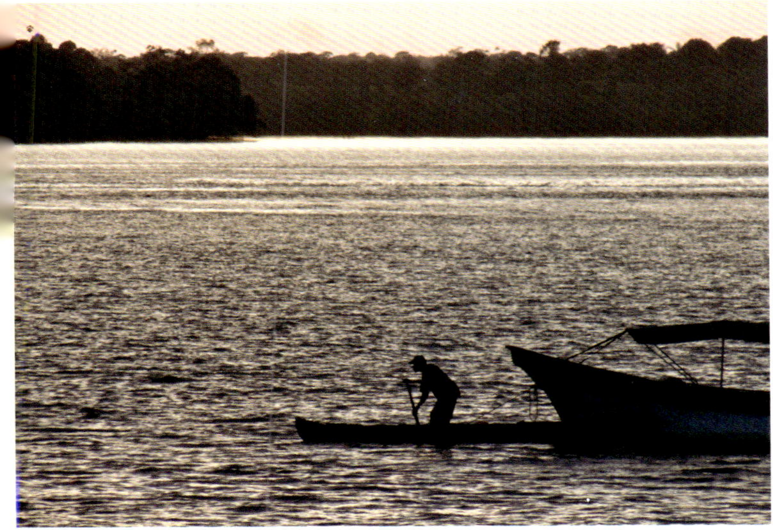

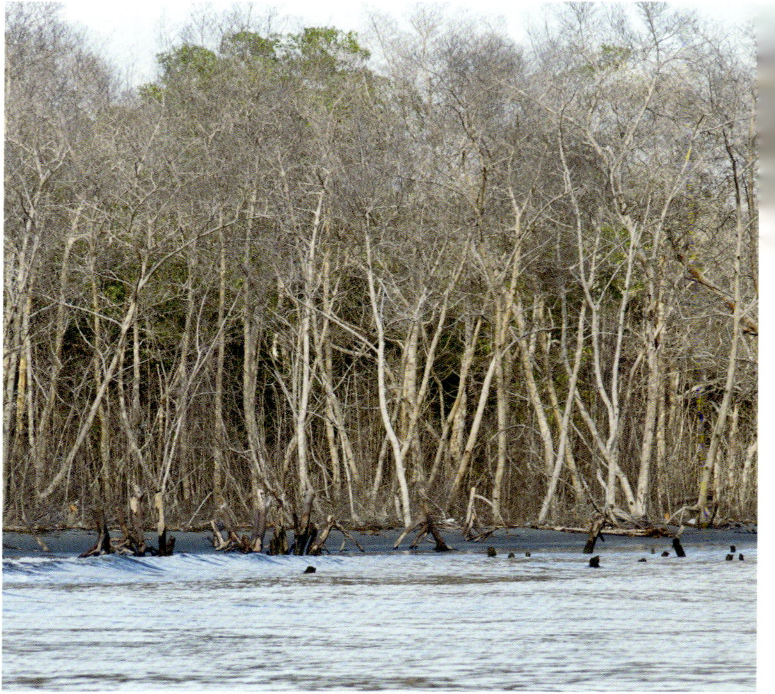

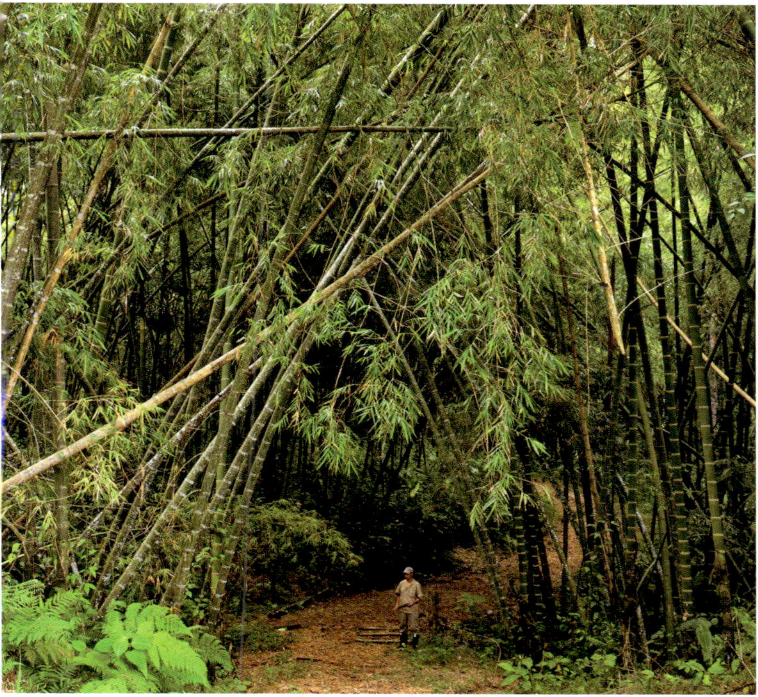

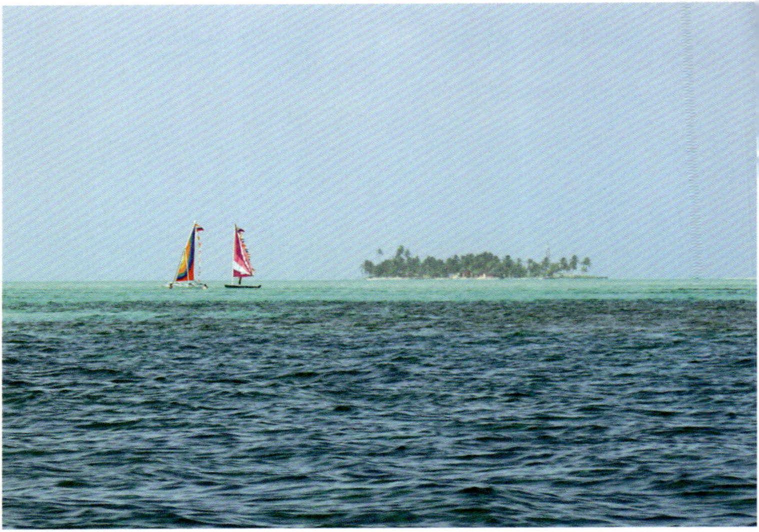

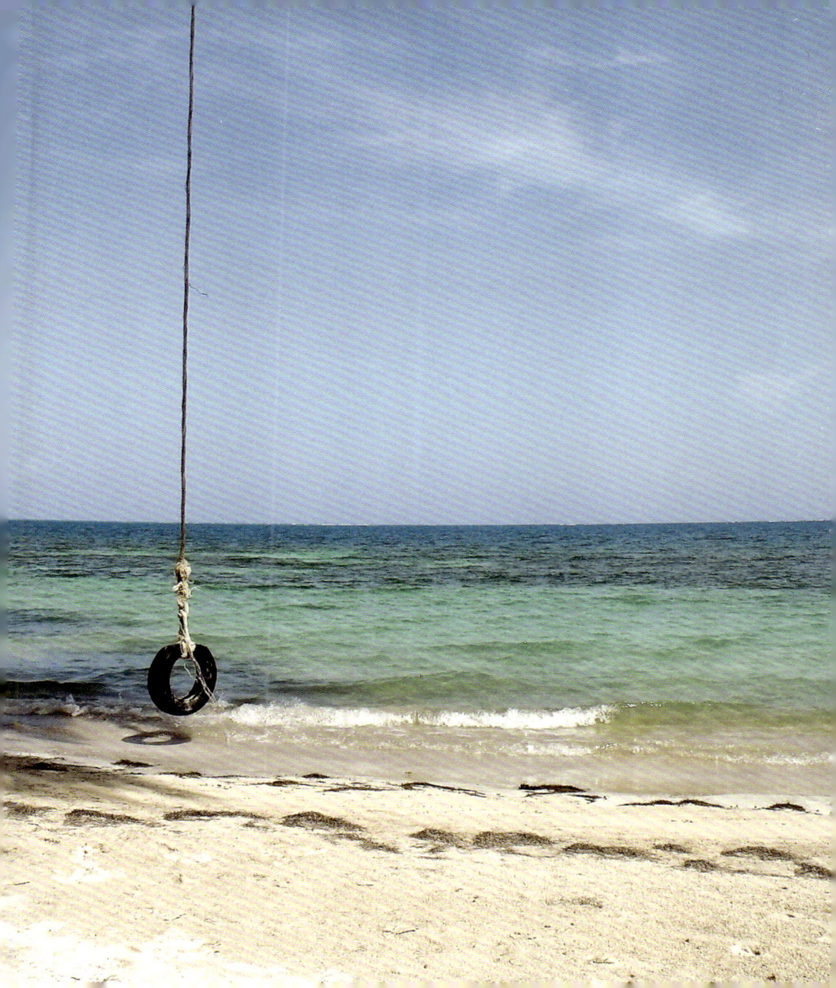

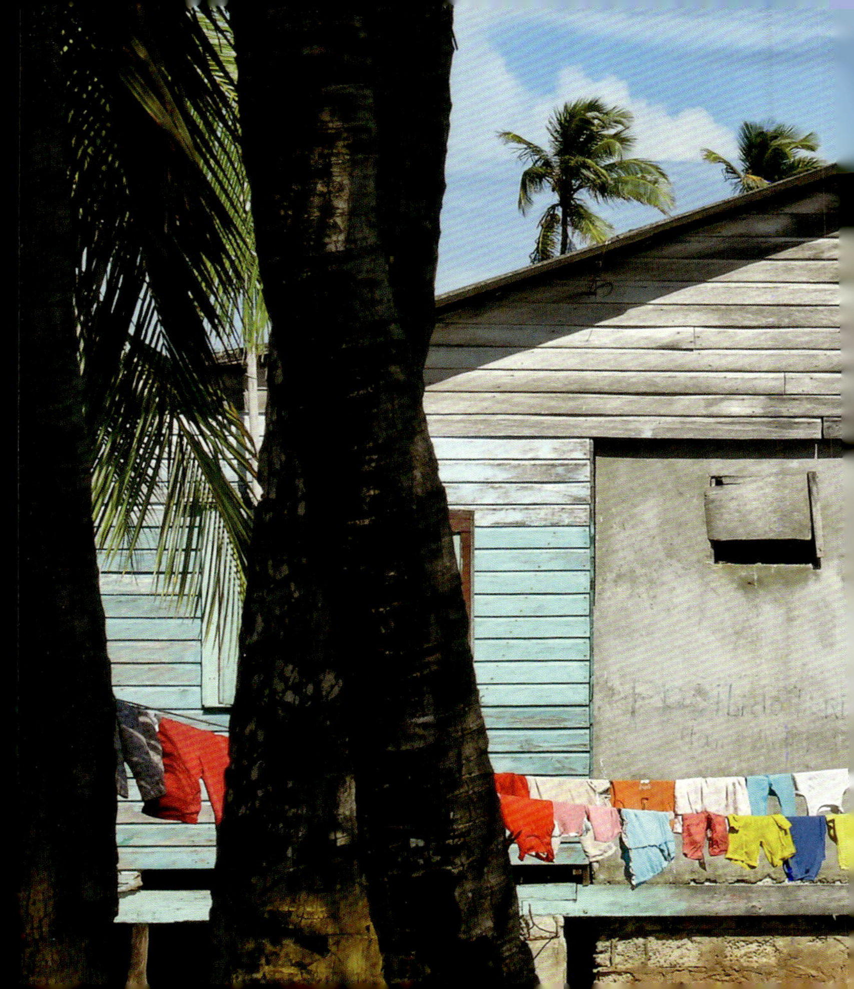

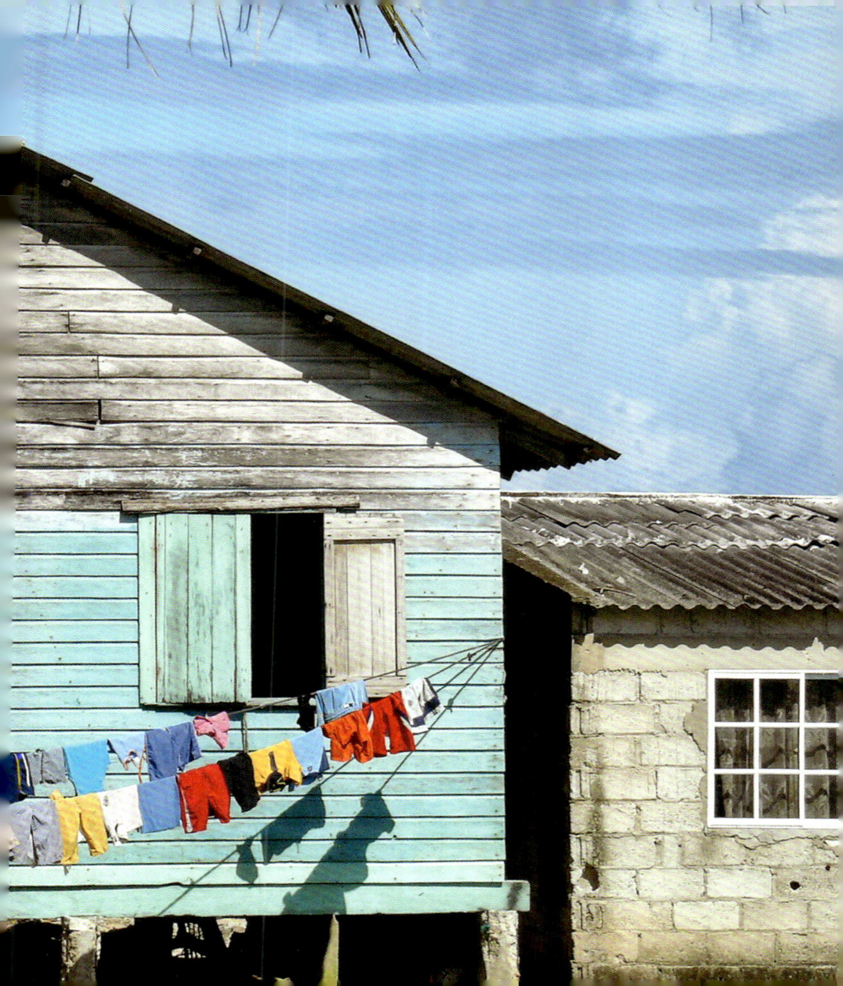

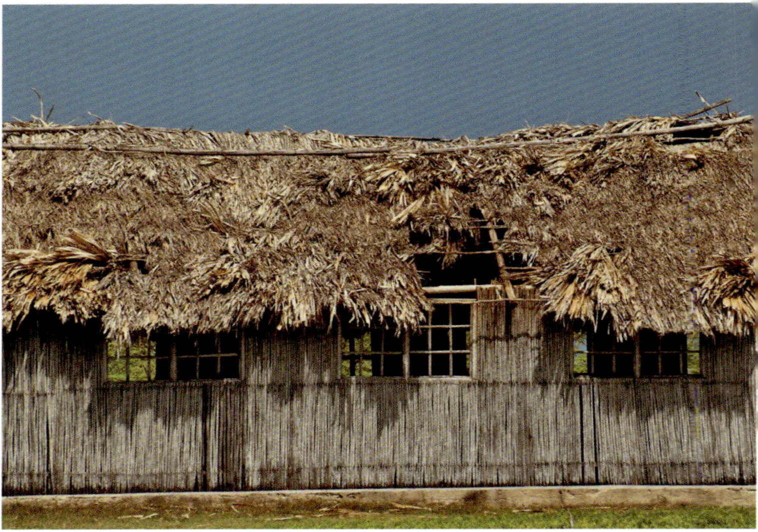

"En mi cuarto hay ambiente de puerto.
Almohadas,
islas de sueño.
En vuestras playas mansas mi cabeza,
piragua vieja".[10]

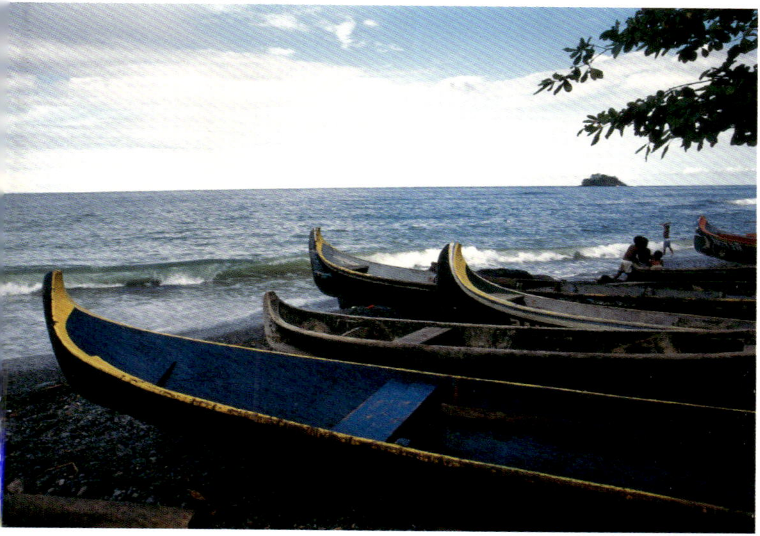

"In my bedroom it's like a port.
Pillows,
islands of dreams;
On your gentle beaches my head,
old pirogue." [10]

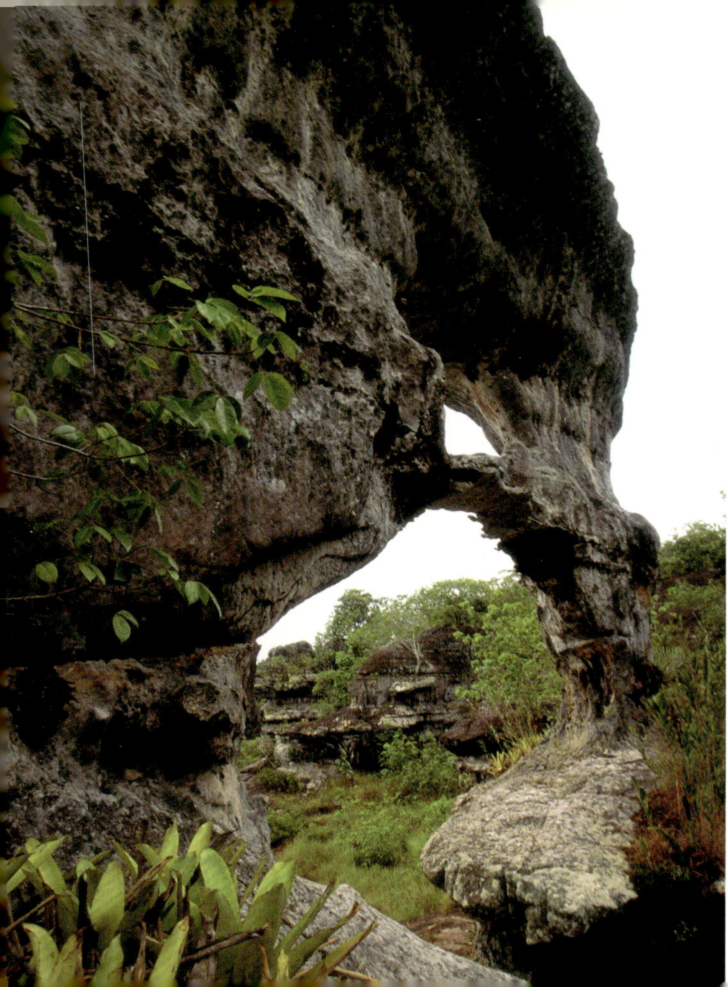

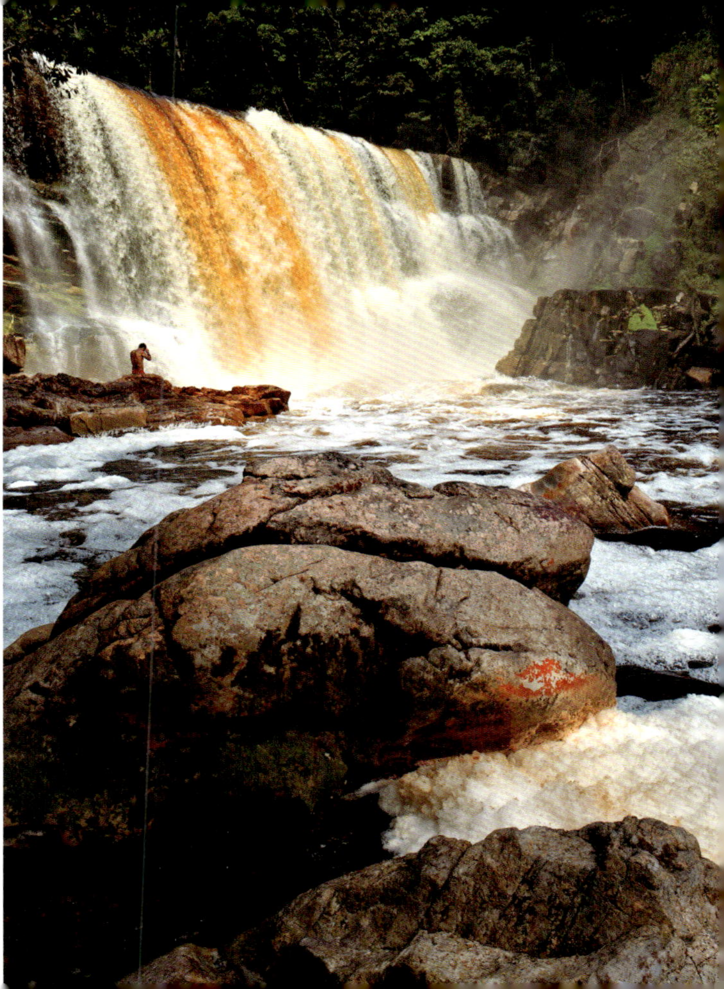

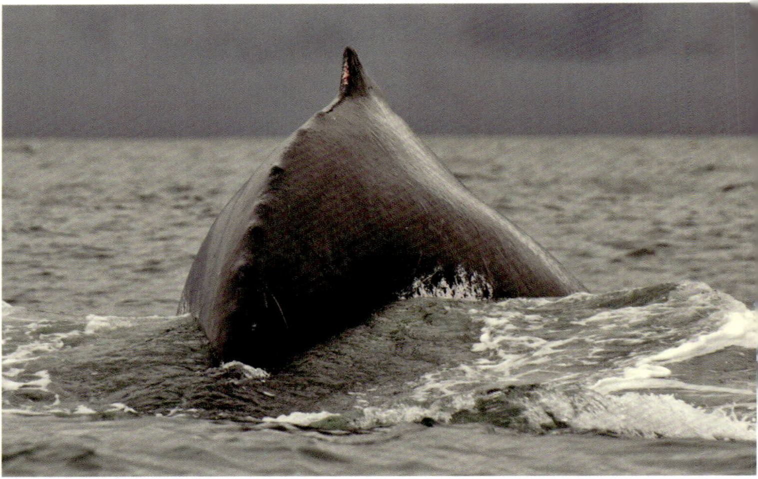

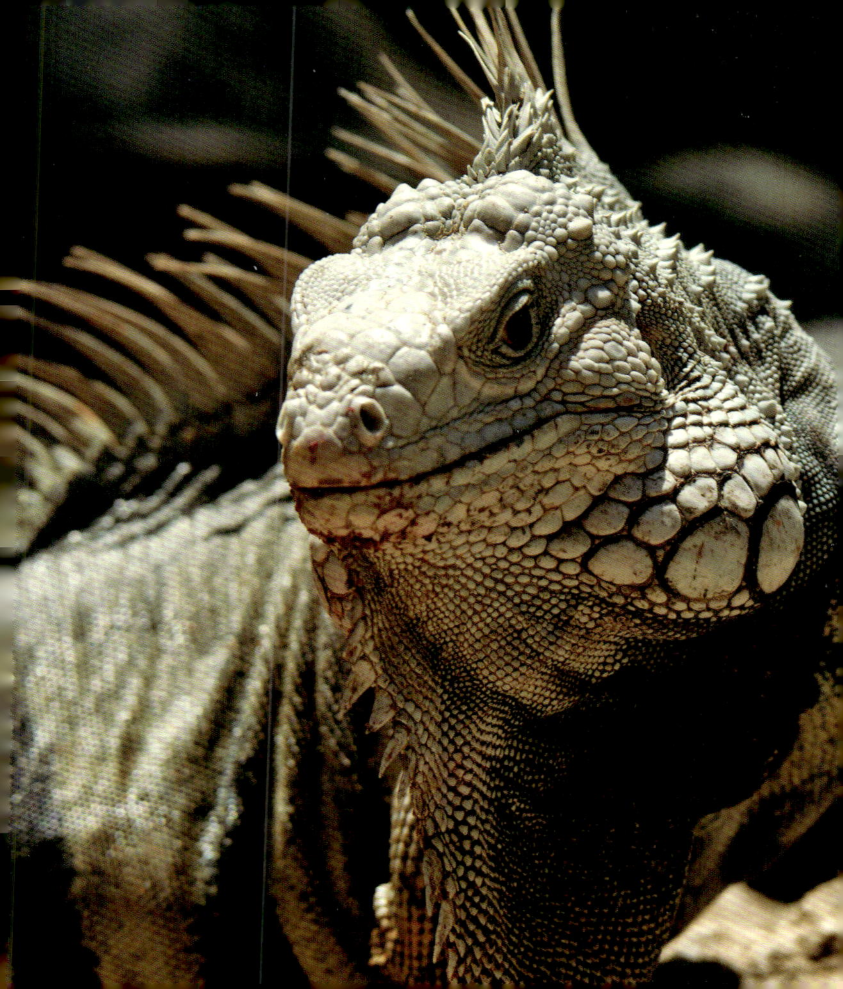

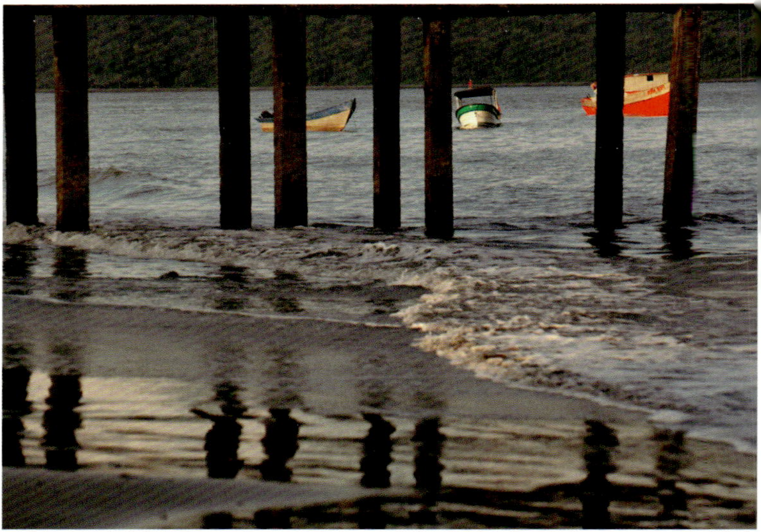

"En el último puerto que pisaron mis botas
sentí por la vez última vago afán de llorar:
una columna tibia –cadena de sus trenzas–
de suave nombre antiguo, me quiso sujetar".[11]

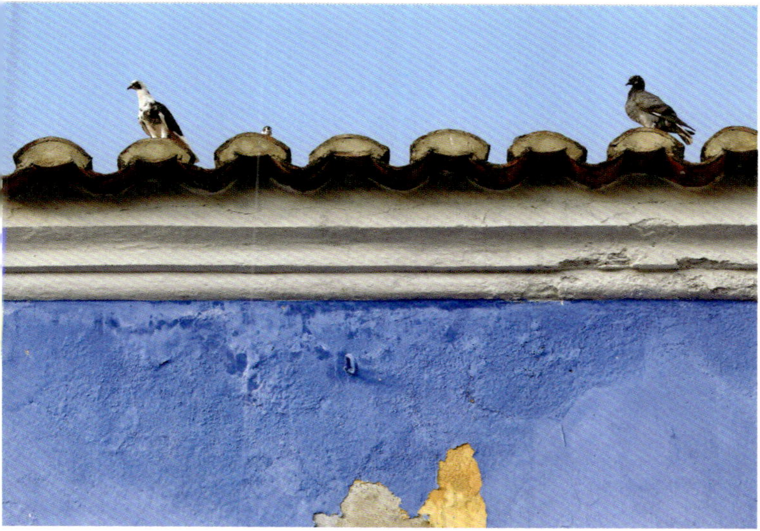

"In the last port my boots set foot in,
I felt for the last time a vague desire to weep:
A lukewarm column – the chain formed by your plaits –
with a gentle, ancient name, wanted to tie me down."[11]

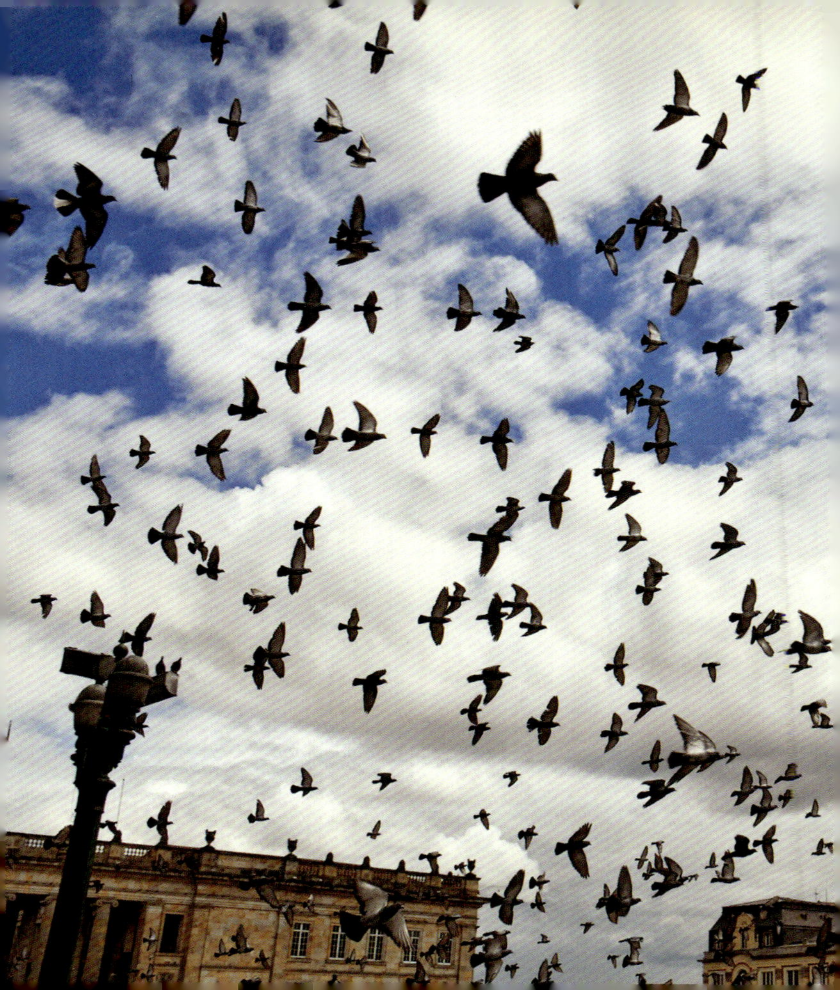

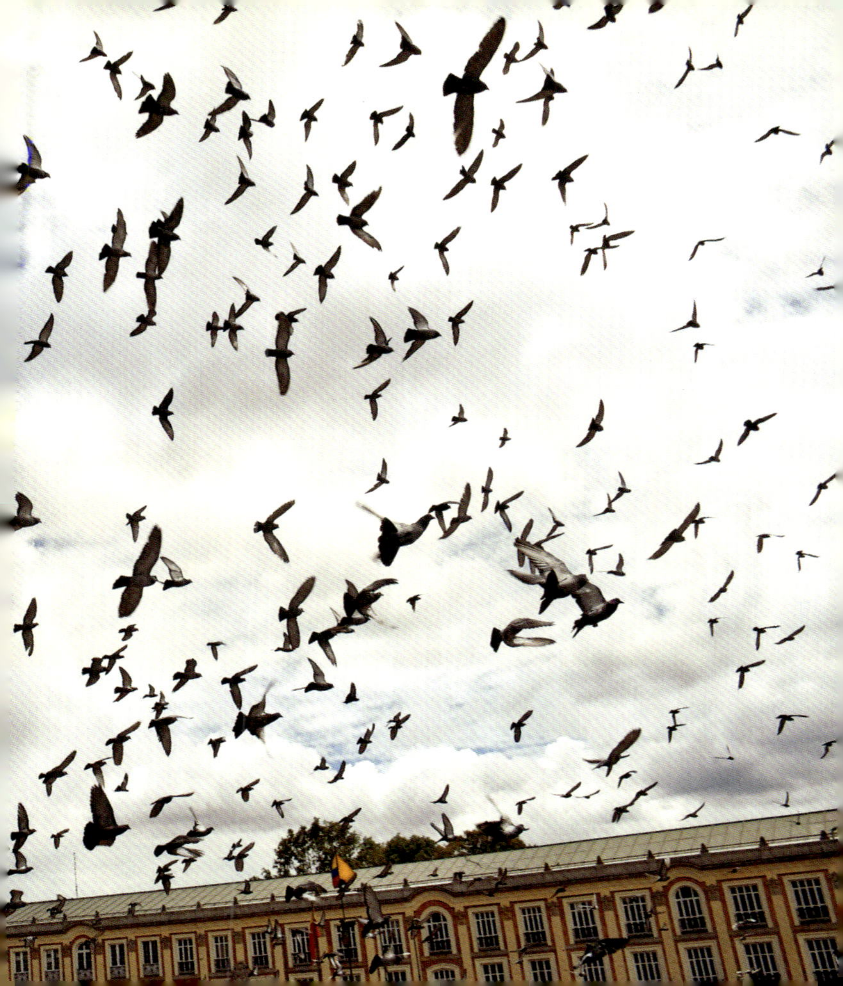

El despertar

Se levanta de nuevo la neblina sobre las copas de los árboles. Comienza un nuevo día y pronto la luz y la lluvia formarán un gran arco iris que nos señalará el camino. El agua fresca, indomable, continuará su curso y la vida renacerá y seguirá sin detenerse, en éste, el país de la diversidad.

Arriba, abajo, aquí y allá, siempre habrá un par de alas en busca del sueño de volar y muchas almas descubrirán la alegría de soñar...

The Awakening

The mist rises again over the treetops. A new day begins, and soon the light and the rain will form a great rainbow that will show us the way. The fresh, all-conquering water will follow its course, taking all before it, and life will be reborn and will go on without ceasing in this, the country of diversity.

On high and down below, here, there and everywhere, there will always be a pair of wings pursuing the dream of flight, and many souls will discover the joy of dreaming...

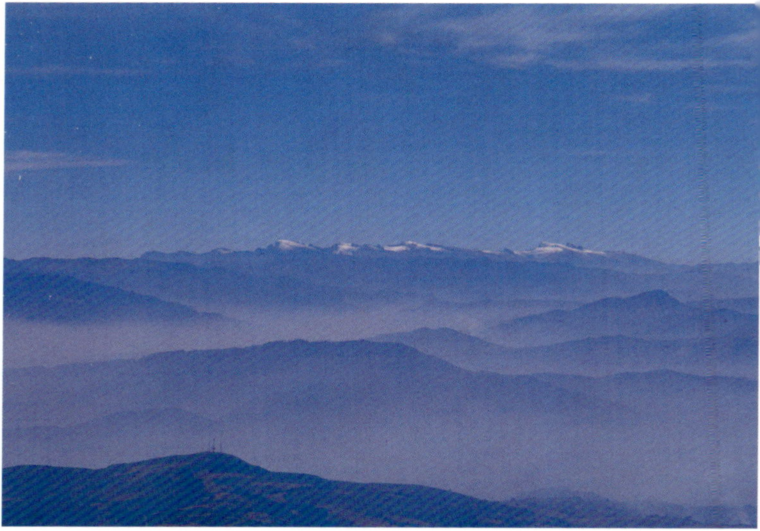

"El sol se fue a los campos
y los árboles rebrillaron y uno a uno
se rumoraban su alegría recóndita.
Y eran de oro las aves".[12]

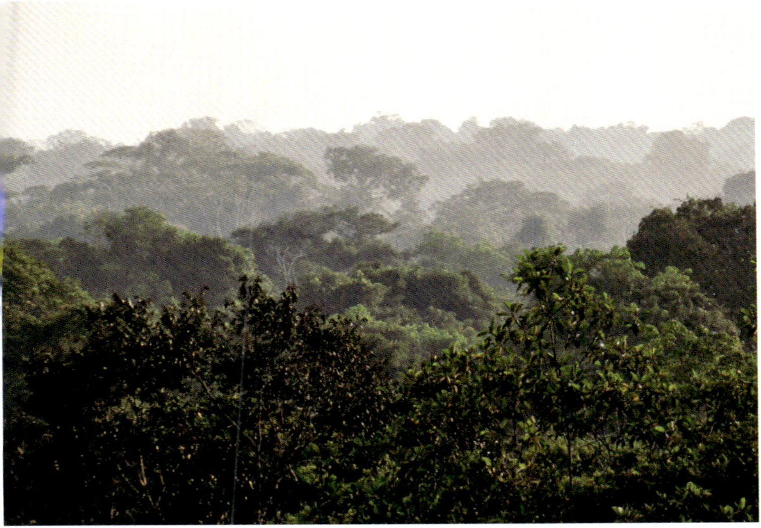

"The sun went off to the fields
and the trees shone out again, and one by one
they murmured their hidden joy.
And the birds were made of gold."[12]

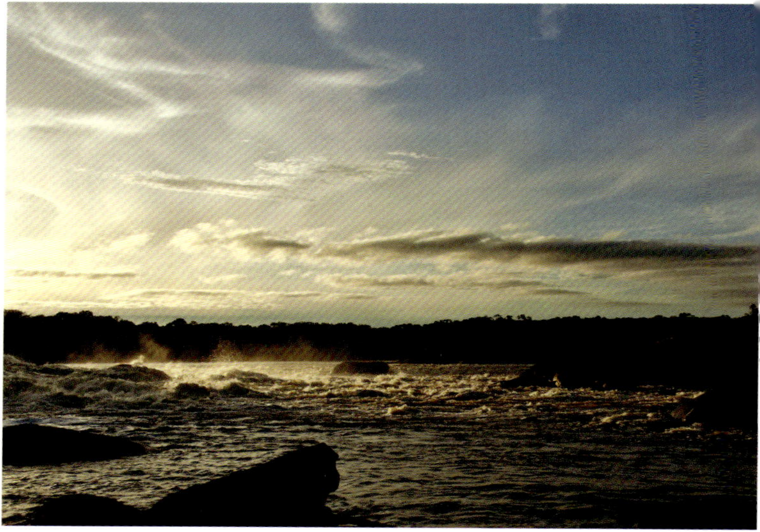

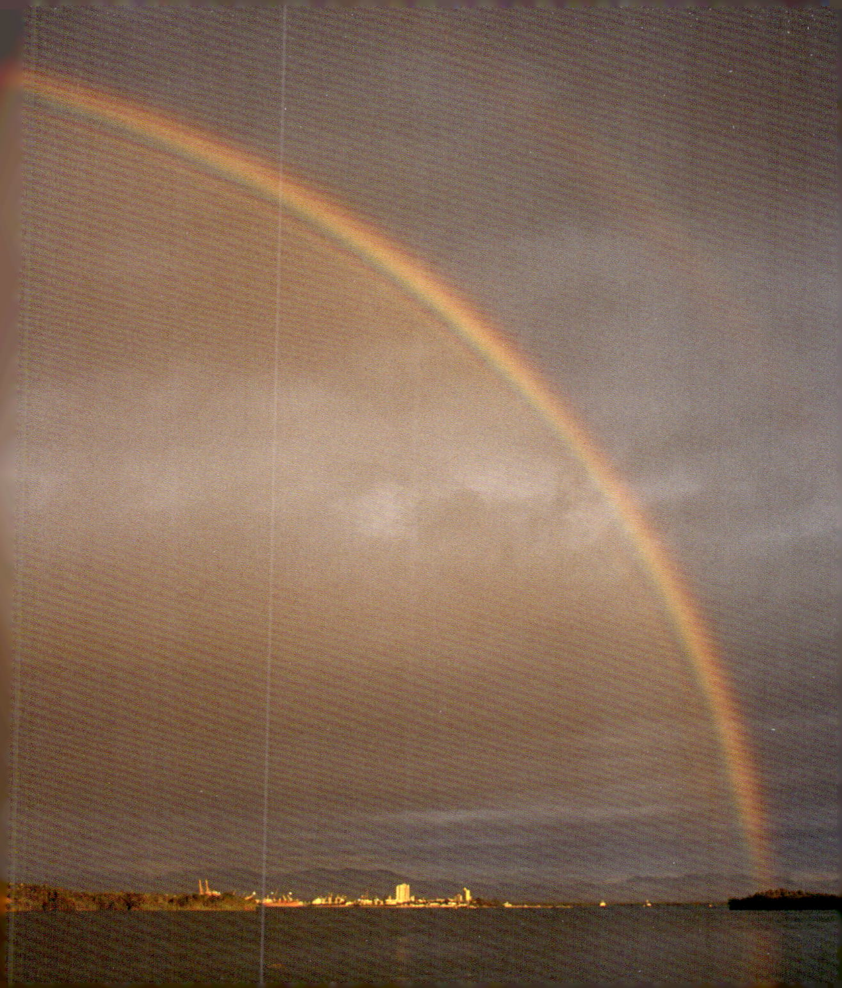

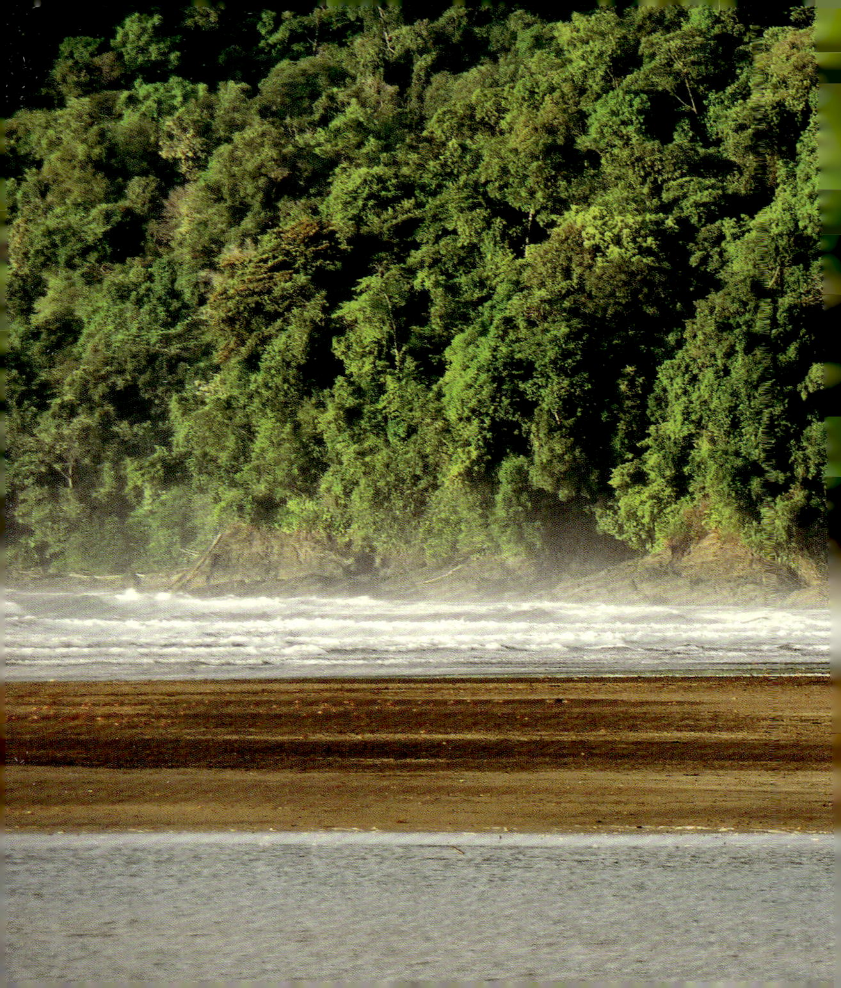

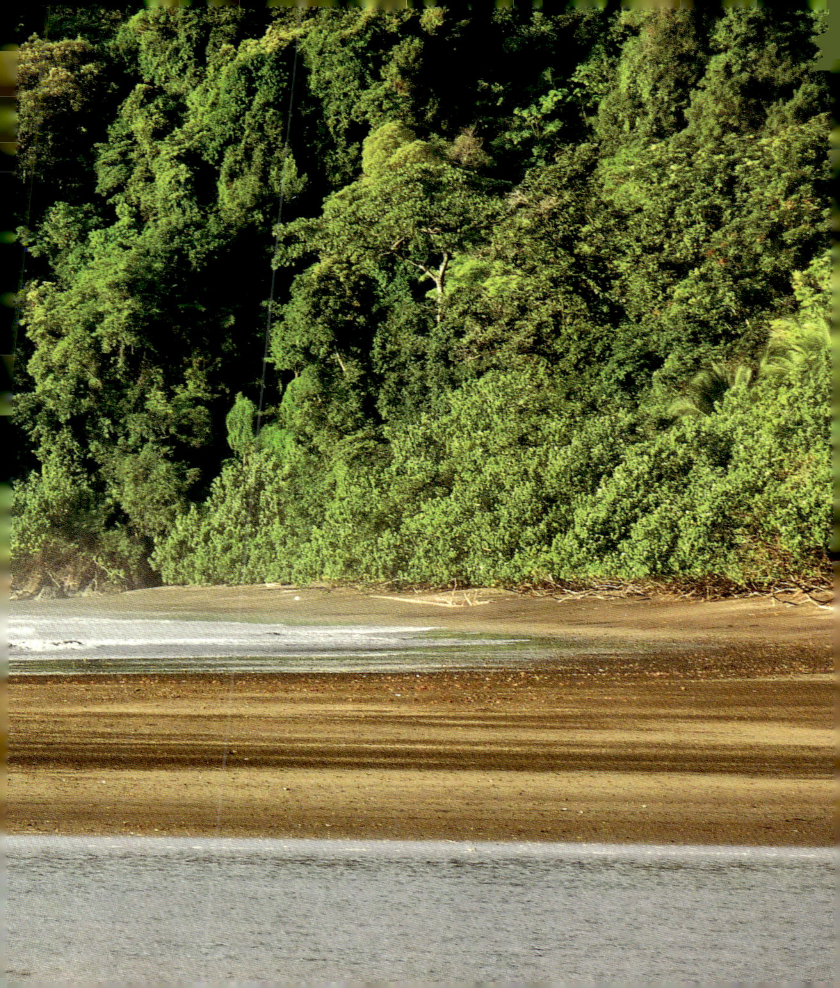

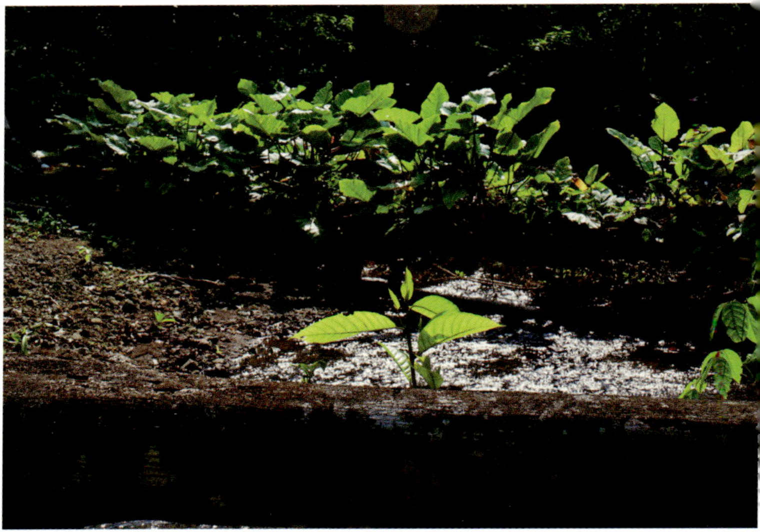

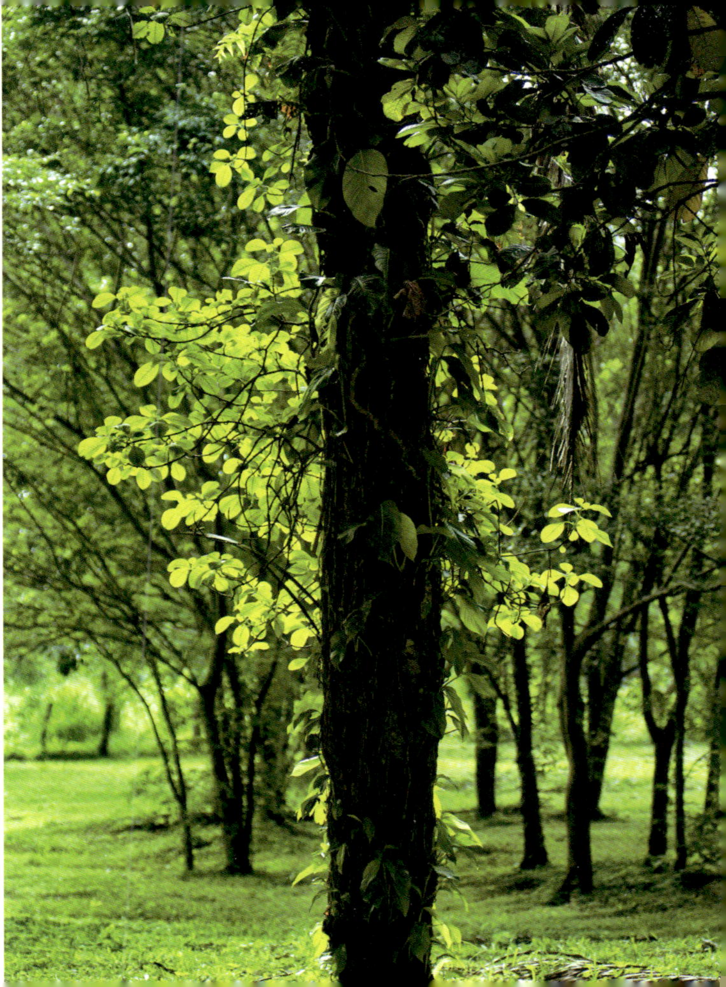

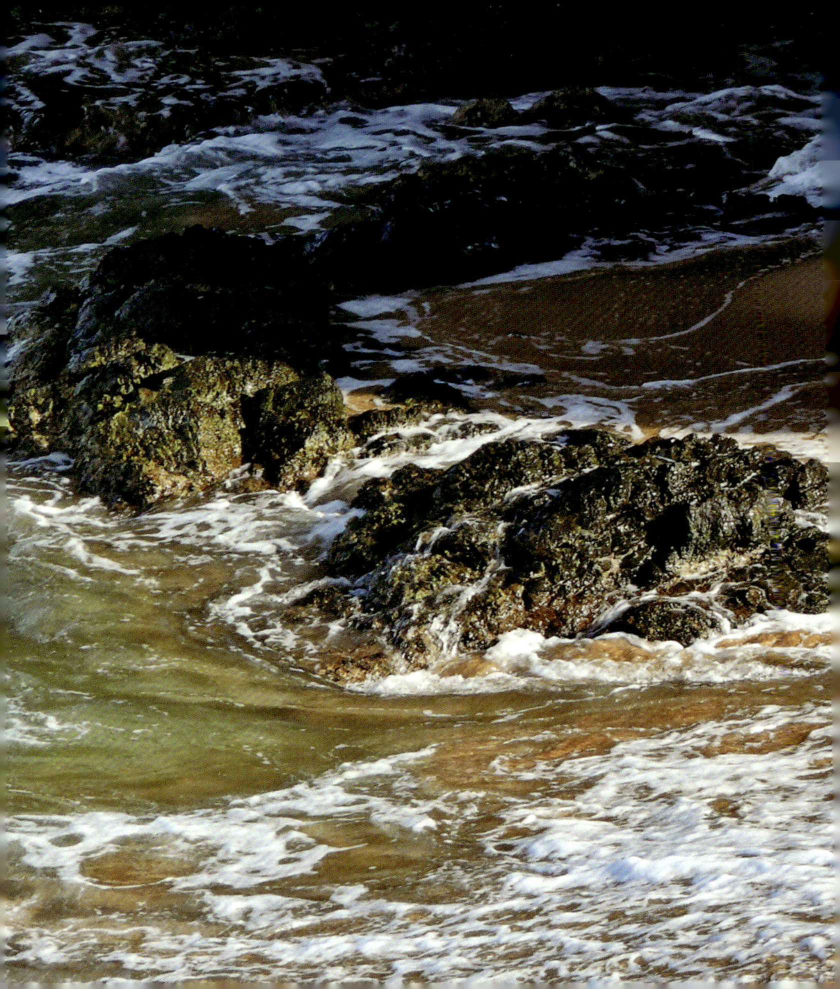

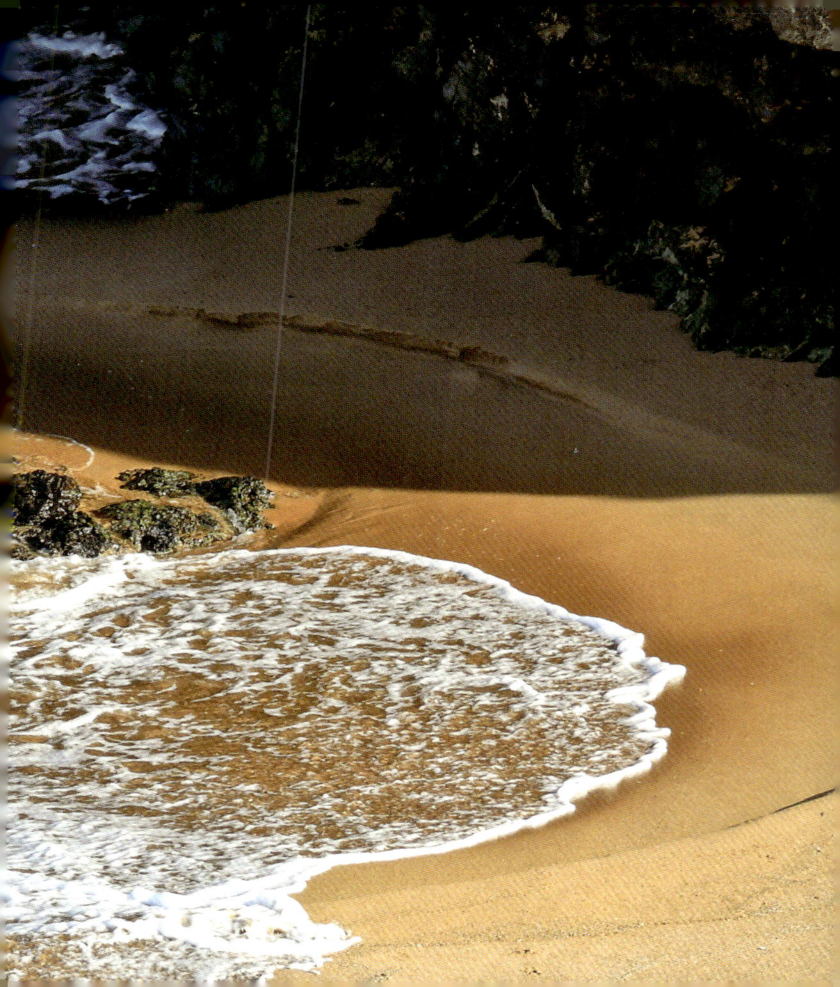

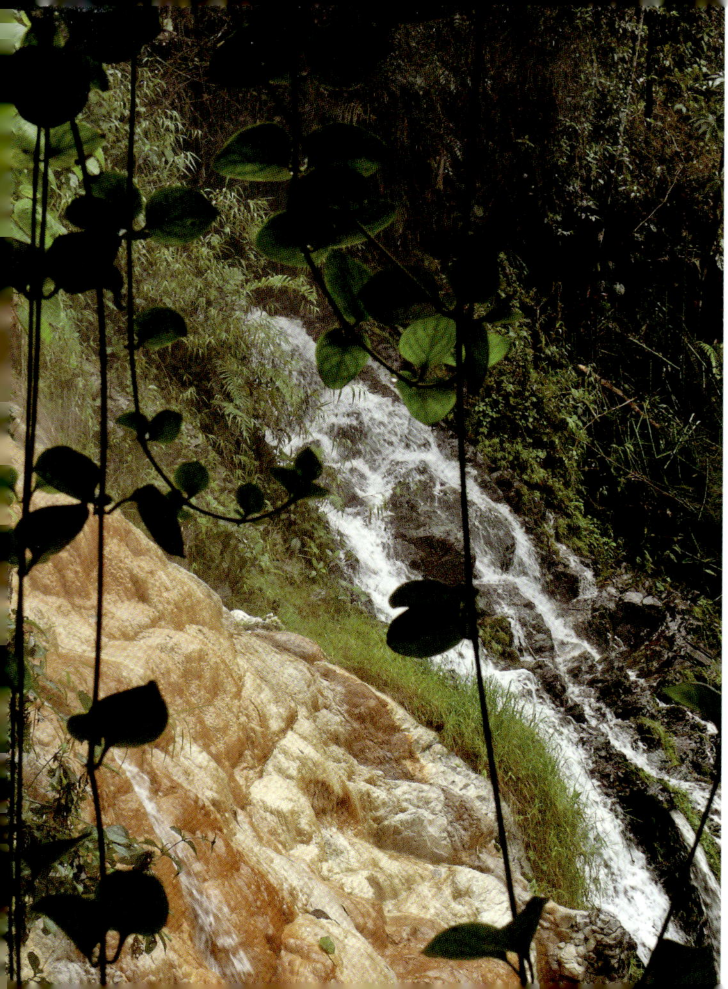

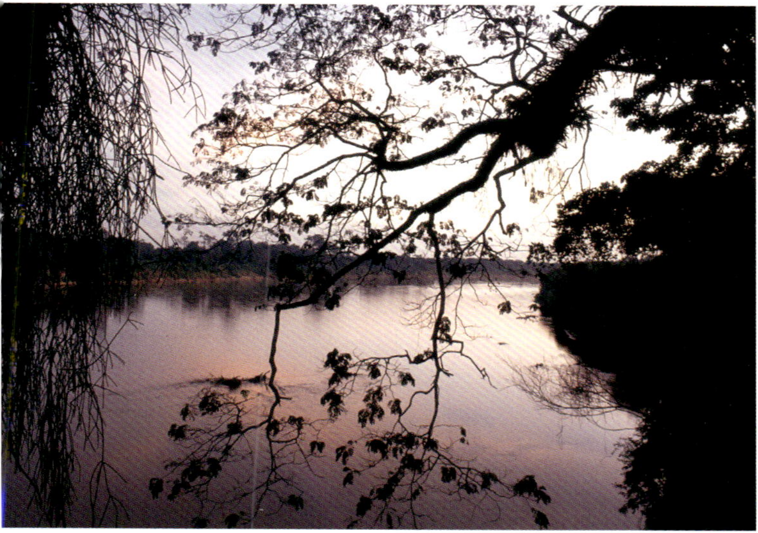

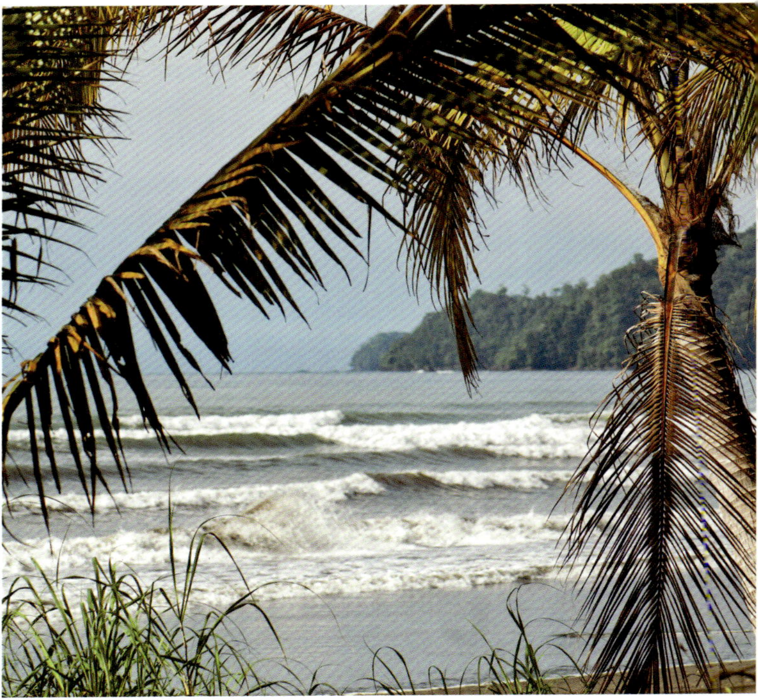

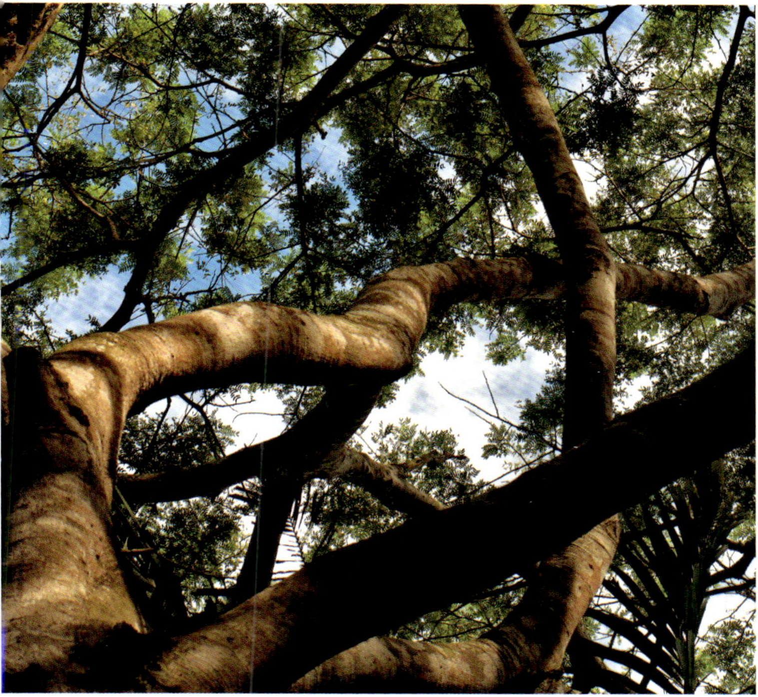

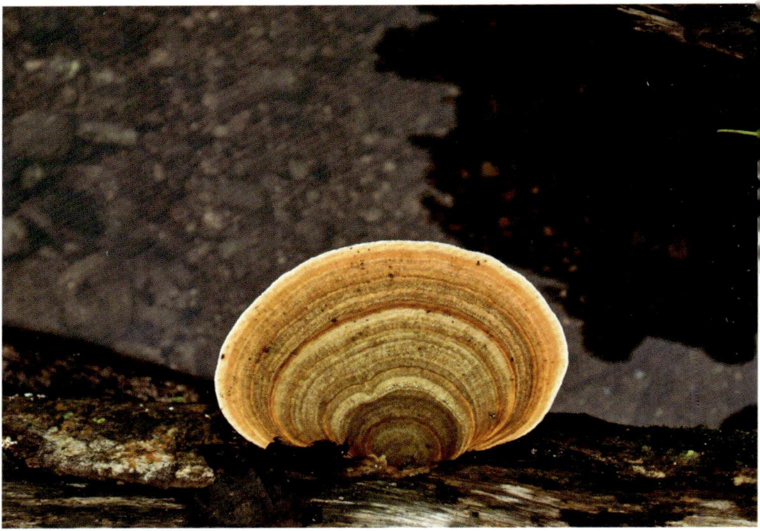

"Y en los rincones tantas imágenes bellas, tanto camino soleado, bajo una leve capa de sombra luciente como terciopelo".[13]

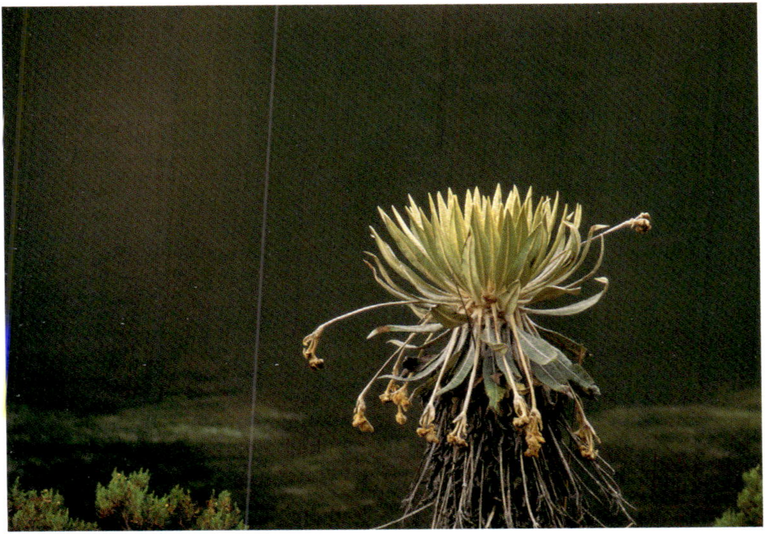

"And in the corners so many beautiful images, so many sunny pathways, beneath a thin layer of shade shining like velvet."[13]

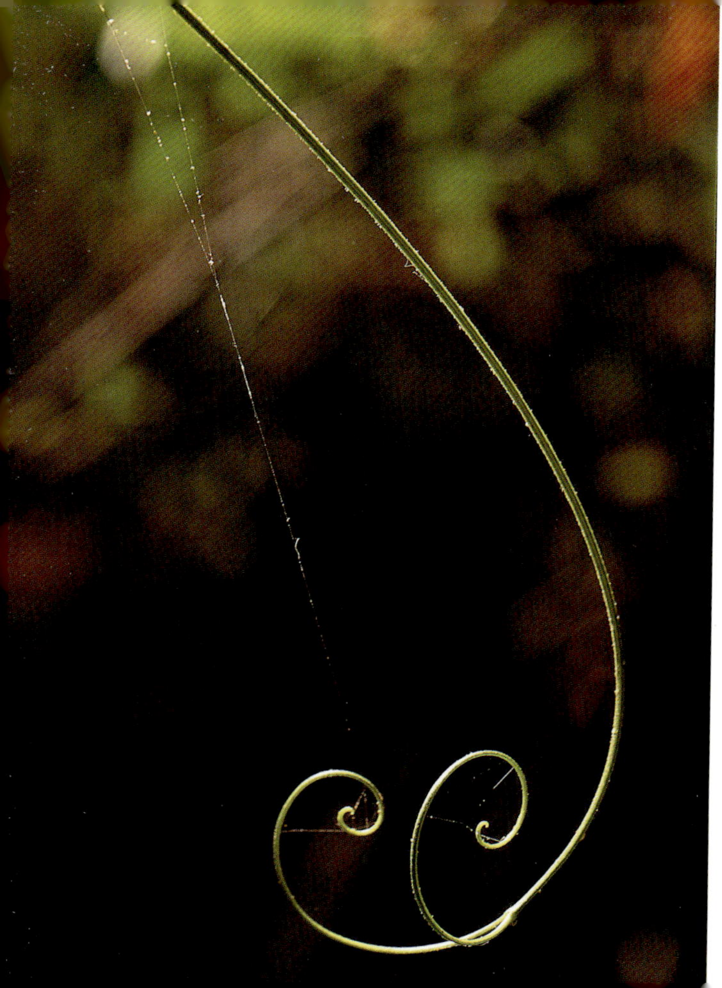

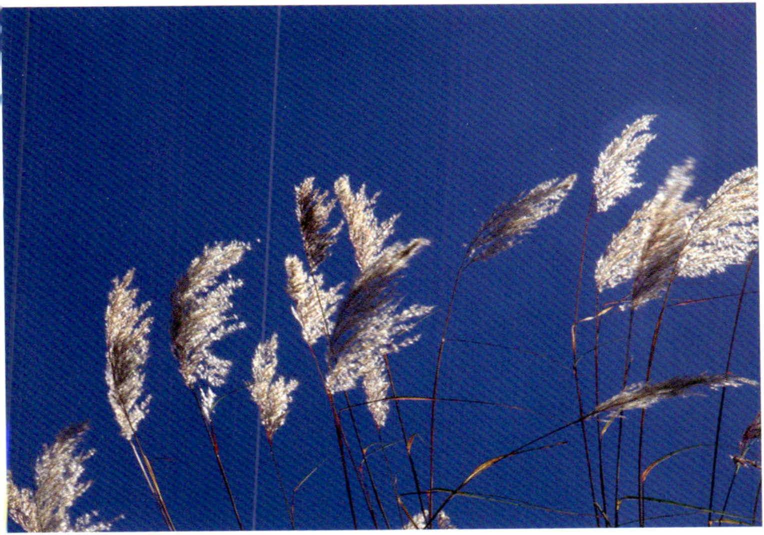

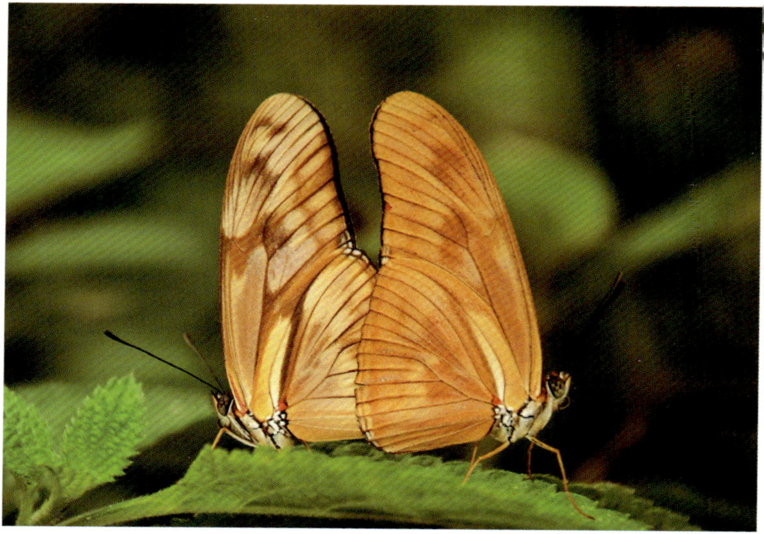

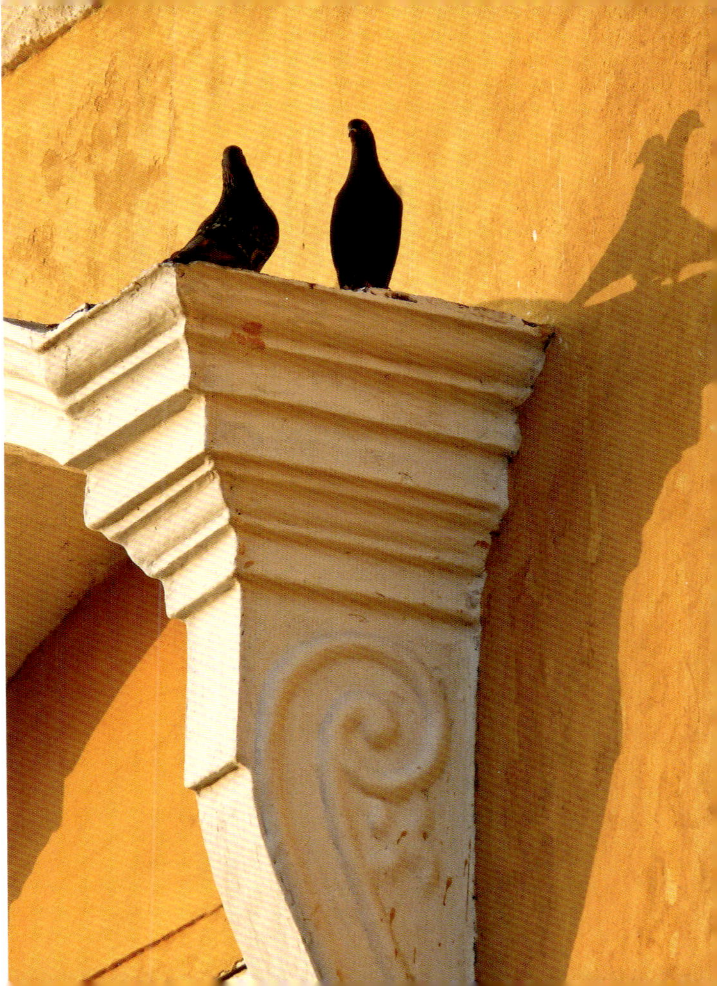

Indice de versos · Verse Index

Fotógrafos · Photographers

Angélica Montes Arango
11, 20, 21, 22, 24, 25, 27, 28, 30, 31, 33, 34-35, 36, 37, 38-39, 40, 42, 43, 44-45, 47, 49, 50-51, 52, 53, 61, 62, 66, 67, 68, 69, 70, 71, 72, 77, 80, 82, 83, 84, 85, 89, 91, 93, 94, 95, 97, 98, 100, 101, 102, 104, 105, 106, 112, 114-115, 116, 118-119, 120, 122, 123, 124-125, 130, 132, 133, 136, 139, 142, 143, 144, 146-147, 148, 157

Germán Montes Veira
18, 32, 48, 79, 88, 107, 108, 109, 113, 121, 127, 134-135, 149, 154, 156

Archivo iM Editores
2-3, 4-5, 6-7, 8-9, 12, 14, 16-17, 23, 26, 29, 41, 46, 54, 55, 56-57, 58, 59, 60, 64, 65, 73, 74-75, 76, 78, 81, 86, 87, 90, 92, 96, 99, 110-111, 117, 126, 128, 129, 131, 138, 140, 141, 145, 150, 151, 152, 153, 155

La presente edición de 2.000 ejemplares
se terminó de imprimir en
noviembre de 2011, en los
talleres de Nomos impresores,
bajo la supervisión de iM Editores.

This edition of 2.000 copies
was printed in November 2011 by
Nomos Impresores, under iM Editores
supervision.

Bogotá, Colombia.